輪迴中的眾生，都是貪玩的小孩。

當你富裕的時候，
不要得意驕傲，因為一切都是無常的；
當你貧窮的時候，
不要傷心沮喪，因為一切都是無常的。

束縛你的，是你自己，
所以解開它，也只有靠自己。

過於依賴外在的一切，
內心就會迷失自己。

世界上最真實的東西，
往往是很多人看不到的。

利益他人的生活，並不是自我犧牲，
而是自我實現。

索達吉堪布 著

你在忙什麼

——與大師對話，藏傳佛法的12堂人生智慧課

前言

曾經有人跟我說，他跟妻子可以兩三天不聯繫，但手機離開一刻就坐立難安。手機比家人還親。

他這句話，的確反映了一種時代狀況：人與人的感情越發淡化，對外物的依賴越來越強。

在過去，一個人衣食無憂，有個舒適的生活環境，就沒有太多物質上的要求。而今，資訊爆炸，各種欲望撲面而來，每個人不僅在外面不停地忙，內心也特別忙，忙了一輩子，最後卻不知道自己到底在忙什麼。

因此，尋找讓心寧靜的智慧，此時尤為重要。這種智慧，在佛教中俯拾皆是。佛教雖然歷史極其悠久，但其智慧並沒有過時，處處散發著鮮活之力，如同穿越千年的靈丹妙藥，功效沒有任何改變。

為了讓更多知識分子了解這種智慧，近年來我去過近百所高等院校，沒有拿任何講稿，直接用心與心交流——交流自己在過去三十年中對佛法的感悟和修證，告訴他們怎樣面對人生的點滴。

不少人聽後，說受益很大，再三勸請我匯集出版。於是，我從以往整理的演講資料中，抽出部分內容重新編輯，以此獻給忙碌的你。

身體的忙碌，根本在心。但願由此你能得到佛教中的寧靜心靈，減少無意義的忙碌，活得更加淡定。

索達吉　2015·1·24

目次

前言 013

1 禪與財富 019
障礙我們的，不是財富，是對財富的執著。

2 問佛陀情為何物 035
若問佛：「應當如何對待愛情？」佛不會勸所有人出家，也不會讓所有人學佛。
佛會說：對情不要太執著，否則一定會帶來痛苦，這不是別人強加給你的，是作繭自縛。

3 科技時代的佛法 047
佛教不是神祕主義，是現實主義。
它並非充滿玄妙的神話，而是指出如何面對情緒、衰老、疾病、死亡，讓我們樂觀，不再憂鬱。

4 減輕壓力的智慧 067
發明機器，本想有更多休息時間，結果人越來越累；發明手機，本想交流越來越多，結果人越來越孤單；
發明網路，本想讓人更有智慧，結果智慧日益遲鈍。
人們猜到了開始，卻猜不到結果，這是因為忽略了什麼？

5
佛陀眼中的利他 091
學佛是為了成佛。成佛是為了利他，不是為了自己快快樂樂。

6
佛教的低貪生活 107
「人定勝天」這個成語，多年來一直被人誤用。其本意是，人心安定高於一切。
並不是說人一定能戰勝老天。「定」是安定，不是一定。很多人沒弄懂它的意思，
就打著「人定勝天」的旗號去征服自然。結果呢？

7
心地無私天地寬 119
學佛，不是為了保佑自己，是為了捨棄自己——
不是讓佛保佑自己多發財，是保佑斷除對財物的執著；
不是讓佛保佑自己長命百歲，是保佑不要貪愛這個身體；
不是讓佛幫忙鏟除鬼魔，是加持自己對鬼魔不要起嗔心，而以大悲心善待他們。

8
幸福的根本是心 137
幸福的根本，不在於你擁有了多少東西，在於你減輕了多少欲望。
蘇格拉底曾站在百貨市場裡開懷大笑：「看哪，天底下有這麼多我不需要的東西，我真幸福！」

9 科學怎樣讓人更幸福 159
有些人認為，宗教不合乎科學道理。我是一位研究科學的人，我深切知道，今天的科學，只能證明某種物體存在，而不能證明某種物體不存在。

10 怎樣面對痛苦 185
醫生給你治病，你把藥方背下來卻不吃藥，病也好不了。有些人為你指明人生道路，你記住了卻不去做，痛苦也難以消除。

11 快樂的八個祕訣 205
佛教，會給每個人帶來不同程度的快樂。如果它沒有這個作用，我們不必弘揚和修行，但事實證明它可以。在壓力過大的今天，或許，它比錢更重要。

12 只為一顆心 235
莎士比亞說：「懷疑，是大家必須通過的大門口。只有通過這個大門口，才能進入真理的殿堂。」所以，懷疑並不可怕，關鍵是如何對待。

後記 268

01

禪與財富

障礙我們的，不是財富，
是對財富的執著。

本章為索達吉堪布在北京大學的演講　2012・07・14

剛才一位老師給我獻了條哈達，作為緣起。

獻哈達是藏族的傳統，藏族人如果做重要的事情，一定離不開哈達。也許你們對藏地的文化不太熟悉，若能對此，尤其是藏傳佛教，有一定認識，應該會對你的人生有利。

當然，這樣說，並不是勸你去學藏傳佛教，信仰是個人的自由。不過，在遇到一些新鮮事物時，隨時保持好奇心和探究的態度，這一點很有必要。

對心有駕馭能力，才叫成功

今天的主題，也許有人會想：「禪是佛教境界，財富是世間話題；一個要遠離執著，一個要銳意進取，二者怎麼能達到統一？」

其實不難。因為企業管理，最高層是精神管理。如果以禪的思想管理好自心，財富管理很容易成功。

現代社會，人人都想成功。但你是否想過，成功的真正標準是什麼？

所謂成功，不單單是有錢、有地位、有名聲。對心有駕馭能力，經常有滿足感，方可稱得上成功。這一點，修禪就很容易獲得。

什麼是禪？

《六祖壇經》這樣定義：外離相，內不亂。簡單講，就是讓心遠離外境紛擾，處於平靜中。

這樣的狀態，什麼人可以得到？任何人，無一例外。

不做讓自己後悔的決定

試想，假如我們時常心緒不定，浮躁、焦慮、悲傷、歡喜……各種錯綜複雜的心態此起彼伏，此時，處理任何事情、做任何決策，都可能出現偏差。而心平氣和下所做的抉擇，通常比較明智。

許多人都有過這種經歷：與別人吵架時口不擇言，過了兩三天，冷靜下來又後悔莫及：「唉，那天在氣頭上，言行太離譜了，現在怎麼找個臺階下？」

如果把禪當成習慣，就不容易犯這種錯誤。雖然嚴格上講，安住於法性才叫禪，但對一般人而言，心境平和，行住坐臥不離這種狀態，無論坐車、上班、在家都能如此，也可稱為是禪。

禪對身心調整有極大的作用。如今在西方國家，人們對此十分關注。有些人通過禪來調整心態，不但身心愉悅，事業也取得了成功。像蘋果之父賈伯斯，提起他的成就，不得不提到禪。他每天坐禪，啟發靈感，增加決策力。在做重大決策之前，都先打坐一會兒。當心定下來後，直覺會非常清晰、敏銳。

狂心歇了即快樂

禪，分為世間禪、出世間禪。

出世間禪是一種高深境界。只有大成就者，像漢地的惠能大師、藏地的密勒日巴尊者、印度的龍猛菩薩等，才可以證得。這種禪，我們或許望塵莫及，這輩子再努力也不一定能到達。但世間禪，只要自己肯付出，完全能夠獲得。

有了禪的境界，很容易認識萬法的真相。當然，認識萬法真相有兩種途徑：一是依靠自己的智慧，再加上師的指點，經過漫長時日的研究，最後發現真理；另一種就是憑藉禪修，讓心進入最細微的狀態，從而顯露出本有的智慧。古代禪師們選擇的多為後者，像六祖惠能，一個字也不認識，更談不上廣聞博學，卻依靠禪的力量而大徹大悟，獲得了無與倫比的智慧。

禪為什麼有這種力量？

《楞嚴經》中講得很明白：「狂性自歇，歇即菩提。」我們的心猶如大海，巨浪滔天時不可能映現出月影，風平浪靜才可以。同樣，當內心躁動不安、妄念此起彼伏時，智慧也無法呈現，只有以禪修令心性平息，才可能瞥見本具的菩提。

當然，這種境界，並非人人都有。假如你對此感興趣，可以看看與禪有關的經典，如《金剛經》、《法華經》、《楞嚴經》。同時，每天盡量抽出時間禪修，觀一下自己的心。若能如此，慢慢也有現見心性的機會。

心理垃圾不要積太厚

其實，現代人應該說有點可悲。跟過去相比，如今物質條件是極好的，像我小時候喜歡吃的糖，現在的孩子根本不放在眼裡。但遺憾的是，人們的內心卻不如以往平靜了，焦慮、浮躁、抑鬱等此起彼伏。

尤其現在是商業時代，人人都在追求財富最大化。然而，世事無常，有些人在投資得利時，能日進斗金，但失利時，一夜間也可以血本無歸。人生的大起大落，有多少人可以從容面對？

禪在此時正是靈丹妙藥。

日本京都大學的佐藤幸治教授，在《禪的效驗》一書中說：禪可以安定情緒，增進思考力，增強內心的忍耐力。

我們若能在晨起後、入睡前，稍微打坐幾分鐘，讓心安住，久了，心就會處於積極的狀態中，安樂時時充滿，連做夢都會是美夢。反之，假如沒有這種境界，只有一顆狂心的話，縱然你錢財再多、地位再高、事業再大、相貌再美，也不可能真正快樂。

現在大多數人忙忙碌碌，為的是什麼？無非就是為了快樂。可他們在追求的路上，往往事與願違——生活瑣事多、工作壓力大……一堆說不清的煩惱。

這時候該怎麼辦？

龍猛菩薩在《大智度論》中告訴我們：「禪為清淨水，能洗諸欲塵；禪為金剛鎧，能遮煩惱箭。」意思是，禪就像清淨的水，能洗淨欲望的塵埃；禪又像金剛鎧甲，可以遮擋煩惱的毒箭。

所以，適當地禪修，能有效化解這一切。

我們在日常生活中，早晨起床後先要洗漱，晚上睡覺前也要洗漱。身體都需要如此潔淨，那心在一天中受的染污更多，為什麼忘了給它也洗個澡呢？若能養成禪修的習慣，心的垃圾就不會越積越厚了。

擁有一個修禪的身體

禪修不但對心有好處，對身體也有顯著效果。它雖無法保證你不衰老、不死亡，卻能極大地提高身體素質。

日本的醫學博士長谷川卯三郎在《新醫禪學》中寫道：禪修對治療高血壓、膽結石、結核病、胃下垂、失眠症等十二種疾患有幫助。

醫學家也發現，心態會直接影響健康。生活中曾聽人說，有人原本沒什麼大病，但被醫生誤診為癌症後，萬念俱灰，最後竟真的死於癌症。

如今，中國已進入老齡化社會，如何提升老年人的生活質量，是人們非常關注的話題。很多人年老後有孤獨感，物質上雖然富足，心卻很難快樂起來。假如能養成禪修的習慣，平時經常觀心，心就不會那麼孤寂無聊，身體的健康指數也會提高。

尤其對於老年癡呆這一疾患，禪修有極好的預防和治療作用。目前在美國，六十歲以上的老人中，老年癡呆患者越來越多。若以禪修來刺激大腦，能夠開智慧、安心神，令記憶越來越增上。

我有一位上師，今年已是八十高齡，但依靠禪修的力量，思維依然敏捷，頭腦十分清晰，最近還完成了一部三十萬字的佛學巨作。

在青藏高原，常可以看到七八十歲、年逾百歲的老人，身體非常健康。就氣候、物質等方面而言，藏地遠遠不如漢地，可是，因為藏族人喜歡禪修、持誦心咒，內心相對清淨，直接或間接避免了許多疾病，從而擁有健康和長壽。

再過幾十年，我們都會步入老年行列。到了那時，我們會是什麼樣？這個問題也該盡早考慮。

欲望，滿足了也是苦

禪修與身心的關係，其實十分深奧，蘊含著人類的許多祕密。若能對此有所認識，我們定會受用無窮。

過去有許多哲學家、文學家、科學家，在各自領域有著不同成就。他們這一切，多多少少離不開「禪」。

為什麼？

浮躁的心只能認識淺顯的事物。當心靜下來之後，進入細微的狀態，才可能觸及深邃之理。這與禪定非常相似。

「禪」來自梵語，中文意思是「靜慮」，即波動的心達到平靜狀態，如此會見到事物的真相。你若不信，晚上也可以靜坐一會兒，在此過程中，或許會領悟一些平時覺察不到的東西。

如今許多人一生都在奔波，從來沒有觀察過自己的心，也從未留出時間想想：人活在世上，除了成家立業、功名利祿，還有什麼更值得追求？

很多時候，他們為了名利，像螞蟻一樣忙忙碌碌。自己的欲望得不到滿足，會心生痛苦；得到滿足了，新的欲望又繼之而起，如此欲望永遠無法止息，這也是一種苦。

在此過程中，許多人紛紛倒了下去。這樣的命運何時會輪到自己？誰也不清楚。

據保守統計，二十多年來，成功企業家中有一千二百多人自殺。這是什麼原因？就是他們的心比較脆弱，不懂福禍相依的無常之理。

其實，福與禍是不定的。當你特別痛苦時，好像一切已沒有希望，但過了一段時間，或許又柳暗花明；當你特別風光時，似乎陽光都很燦爛，但這種美好也可能轉瞬即逝。如同一些成功人士，得意時，無數人圍繞承事；失勢時，又有幾人肯看一眼。人生至此，真的需要內心有一種力量。

我們如果注重禪修，對增強心力就極有幫助。我認識一位老修行人，曾蒙冤入獄很多年。他說這是一段非常好的修行經歷，因為無人打擾，每天可以自在地禪修，心特別快樂，遇到任何逆境都能坦然面對。可是，當他被釋放出來後，經常有人恭敬、供養，見的人多，瑣事也多，道心反而不如以前了。

所以，大家也應該反思：到底什麼才是有價值的？

毒蛇和黃金

人人都認為有錢是好事。實際上，錢有好的一面，也有不好的一面。比如，沒錢的時候，和家人的感情特別融洽；有了錢後，關係反而大不如前，各種煩惱此起彼伏。

錢給我們帶來的問題，有時候會比想像的多。佛經中就有一個故事，講到了金錢的過患：

一天，佛陀和阿難外出化緣，看到路邊有一塊黃金。佛陀說：「毒蛇。」阿難見後也說：「毒蛇。」隨後他們就離開了。

附近一個農夫聽後，好奇地去看，發現他們口中的毒蛇竟然是黃金，大喜過望：「這些沙門真愚！你們不要，我要。」非常開心地將金子拿走了。

從此，農夫再也不去種田，每天和朋友們吃喝玩樂。好景不長，因為這塊黃金，他惹上了官司，被關進監獄。此時，他才幡然醒悟：原來黃金真是毒蛇。

可見，錢是個複雜的東西。當我們擁有時，一定要對它有正確的認知，如此，才有可能妥善管理。

早在二千五百多年前，佛陀就對如何管理財富有詳細說明。如《善生子經》中，佛陀告訴我們，應當將收入的五〇%用來經營事業，二五%用於衣食生活，二五%儲蓄以備應急。

遺憾的是，很多人不懂這個道理。他們投資比較衝動，事先沒有合理規劃，凡事只看好的一面，不看壞的一面，以致最後血本無歸。更可悲的是，還有些人就像賭徒一樣，本錢不多，卻舉債投資，虧本後沒能力償還，最終把自己逼上了絕路。

所以，管理財富需要智慧。遇到任何問題時，既要有最好的期盼，也要做最壞的打算——凡事都應退一步想：若是失敗，我該怎麼辦？

這種智慧，以禪修可以激發出來。美國高盛集團的高級主管喬治，在理財方面極為出色，之所以如此，歸功於他三十多年的禪修史。他每決定一項重要投資之前都要禪修。他有一部私人飛機，常利用乘機時間閉目打坐。他還鼓勵下屬亦如此，並專門為他們建立了禪修中心。

在國外，許多大企業都有禪修中心。要知道，現代企業若想具備強大的凝聚力，只靠物質刺激，效果比較有限。優秀的企業文化，尤其是對心靈有益的禪，會更好地調動大家的積極性。

曾有人問我：「禪修不是要閉關嗎？企業搞這些，不影響經營嗎？」其實，禪修不是讓你放棄工作，天天閉門打坐，它不但可以跟工作結合起來，而且，能讓你工作得更愜意。

你賺的錢，七〇％是給別人花的

人有了財富後，不能只顧自己享受，還應該想到幫助別人。

佛經中說：財富是五家共享的東西——「王臣以法令取之，盜賊以非法奪取之，不肖後人以放逸衰敗之，水火溺焚而毀壞之，由人共取由天沒收之。」所以，我們一輩子拚命積攢的錢，死後會落到哪兒去，誰也說不準。

我看到網上有一段話，寫得很有道理：一部高檔手機，七〇%的功能是沒用的；一款高檔轎車，七〇%的速度是多餘的；一幢豪華別墅，七〇%的面積是空閒的；一屋漂亮衣物，七〇%是閒置沒空穿的；一生賺再多的錢，七〇%是留給別人花的。

可見，累了一輩子，爭了一輩子，自己能用上的也不過三〇%。明白了這一點，趁我們還有掌控錢財的能力時，應將它盡量用在有意義的事上。

什麼是有意義的事？

幫助他人。

當然，像比爾·蓋茲、李嘉誠那樣，把身家的一大半拿去做慈善，一般人可能做不到。但如果你賺了一百萬，拿出五萬、十萬去幫別人，這還是可以考慮的。

假如你信不過一些慈善機構，那不必假手於人，可以親自去做。千萬不要因為各種信任危機，就輕易放棄自己的愛心。

在我們平時不太關注的地方，貧窮的人非常多。對你來說可能不算多的錢，卻可以改變有些人的命運。比如，沒錢讀書的孩子，有了你的幫助，他的人生或許從此不同；交不起醫療費而掙扎在死亡邊緣的病人，有了你的幫助，他的生命或許會得以延續……

其實，錢的價值就在於運用，是當金錢的主人還是奴隸？這是值得思考的事。

請問師父●●●●●

Q：我們應該怎麼打坐？

A：佛門有句話：「念佛不在嘴，參禪不在腿。」形式不是最重要的，關鍵在於心。當然，姿勢調得好，禪修的效果會更好。打坐時，可以採取毗盧七法的要訣：雙腿跏趺坐，兩手結定印，身體挺直，兩肩放鬆（兩臂展開，不要內收），頭稍前傾，眼睛微睜，舌抵上顎。以這種坐姿禪修，心比較容易調伏。

我們在起床後或臨睡前，若能抽出五到十分鐘禪修，煩亂的心就能逐漸調整過來。

Q：我在寺院經常看到四個字：不二法門。請您開示一下「不二」的涵義。

A：所謂「不二」，是超離了有無、是非等二元對立，開悟境界就是如此。這種境界不可思議，說「有」也不對、說「無」也不對，不能用思維分別，無法用語言描述。

Q：您一直鼓勵我們修行，我想知道，修行是為了什麼？

A：我希望大家通過修行，讓此起彼伏的分別念停下來，認識到萬法實相，之後利益一切眾生。

成佛，不是為了自己幸福，如果為了自己而修行，這沒有太大意義。幸福是建立在利他基礎上的，所以，希望你們以實際行動利益眾生。

Q：怎樣才能做到「參禪不在腿，念佛不在嘴」？

A：這句話是從究竟上講的，但對初學者而言，參禪還是要盤起雙腿，佛號也要一句一句念。

到了最高境界時，可以不必執著這種形式，只要隨時不忘觀心，行住坐臥都是修行。

Q：在我看來，禪是一種境界，禪修是達到這種境界必需的過程。這種理解對嗎？

A：對。禪確實是一種境界，這種境界有高低之分，有世間的四禪八定，也有出世間住於空性的禪定。禪修的目的，就是要達到禪的境界。

對於禪，現代人有各種描述，甚至還將其用於茶文化、炒股票等。雖然佛法本來就可以融入生活的方方面面，不過，禪是什麼味道，還需要自己去品嘗。

Q：我想提高自己的語言能力，請問，如何才能做到心、腦統一侃侃而談？您是用大腦還是用心說話？

A：不用腦，嘴巴是說不出話的；不用心，也說不出有感覺的話。我在演講時，心、腦都用了，但主要是心。

我今天講的，就是從心發出的肺腑之言。希望大家通過禪修，讓疲勞的心得以休息，不要每天忙碌地活著。心安寧了，才能快樂。

美國人做過一項研究，得出的結論是，學者用腦說話，修行人用心說話。這二者有什麼區別？用腦說話，沒有自己的體驗，只是強記各種資料、案例，然後加以複述；用心說話，引用的案例不一定多，依靠的是自身體悟的境界加以發揮。

我盡量向後者看齊。

02

問佛陀情為何物

若問佛：「應當如何對待愛情？」
佛不會勸所有人出家，也不會讓所有人學佛。
佛會說：對情不要太執著，否則一定會帶來痛苦，
這不是別人強加給你的，是作繭自縛。

本章為索達吉堪布在廈門大學的演講　2012・02・23

今天的題目比較特別，剛才在教室門口，不少人就議論。作為一名出家人，在你們面前談「情」說「愛」，似乎有點班門弄斧。因為我去過不少高校，見很多年輕人把愛情當人生的根本大事，甚至可以為之生、為之死，這種態度促使我決定跟大家聊聊這個話題。

佛陀真的不懂愛嗎？

為什麼很多人把愛情當成一切？

看一下現在的音樂、影視作品就能知道大概答案，那些內容裡大多離不開情愛的元素，在這種大環境下，愛情在人們心中成了圓滿人生的代名詞就不足為奇了。

理智思考一下，你們都知道，愛情有保鮮期，而且很短。我看過一些這方面的資料，有說三個月，有說一年，最長的時間也就是三年。保鮮期一過，兩人之間就少了吸引力，更多的時候是開始挑毛病，看缺點。所以，佛陀一再告誡：愛情看似妙不可言，但在它背後，潛藏著的是無常、痛苦。

有人可能會想：「佛陀哪懂什麼愛？你們這些人為了出家拋棄親人，夠冷酷無情！」實際上，佛法對感情的態度，不絕情、冷血，而是告訴眾生執著的可怕。

二千五百多年前，釋迦牟尼佛離開妻兒，選擇出家，這種辭親割愛，不是不負責任，也不是只為自己解脫，而是為眾生尋求離苦的方法。

佛陀對情並非一味否定。在《雜阿含經》、《增一阿含經》、《善生經》中，佛陀講了很多夫妻之間的倫理法則，並沒有勸所有人都斷愛出家。

不過，情歸根結柢是一種執著，執著就會帶來痛苦。假如你愛上一個人，剛開始會覺得非常浪漫，日子長了會發現，苦多於樂。

有人可能對我的說法不以為然。假如你沒品嘗過愛情的味道，這樣想情有可原，但那些過來人，對於個中滋味，應該深有體會。

有一則故事，講一個未婚的人和已婚的人談論愛情：

未婚的人認為，愛情是最偉大的魔術。古希臘的一位國王，他愛上一尊少女石像，從此魂不守舍，天天守著她，求她嫁給自己。精誠所至，這石頭雕的少女居然活了，毫不猶豫地投入了國王的懷抱。

已婚之人聽了這話，搖搖頭：「愛情並非你想的這般動人。南朝時，劉瑱的妹妹嫁給了鄱陽王。不料鄱陽王因罪被誅，劉妹十分傷心，從此大病不起。氣息奄奄之時，劉瑱請人畫了幅畫，畫上的鄱陽王正親暱地摟著一個美女照鏡子。劉妹見後勃然大怒，從此不再傷心，很快病癒。」

只用一幅假畫，就使熱氣騰騰的愛，瞬間變成了咬牙切齒的恨，這說明什麼？愛情是無常的。

佛教論典《四百論》中講，無常的東西一定會變化，有變化的事物就無法讓人安樂，因此，凡是無常的東西，本性皆為痛苦。

你到底愛他什麼

佛陀曾提醒弟子，不要輕信你的念頭，念頭根本不可信；不要迷戀美色，否則禍患無窮。如云：「慎無信汝意，意終不可信；慎無與色會，色會即禍生。」

遺憾的是，許多人不知道，也不相信這點。比如他們覺得某某明豔動人，這其實也是一種錯覺。若用智慧分析，就會發現自己喜歡的，只是一堆骨肉而已。這堆骨肉從頭到腳再仔細剖析，你會恍然大悟：「原來我愛的、思念的，居然是這些東西。」

泰國有一位尊者叫阿姜查。一次，他和兩位來自西方的比丘坐在車裡。忽然，他回頭對一位美國比丘說：「你在想念洛杉磯的女友。」

美國比丘大驚失色。

阿姜查說：「你給她寫信，讓她寄一樣非常私人的東西給你。等你想她的時候，可以把它拿出來。」

美國比丘問：「出家人可以這樣做嗎？」

阿姜查說：「當然可以。讓她給你寄一瓶她的屎，等你想她的時候，就拿出來聞一聞。」

這話看似在開玩笑，其實阿姜查是在說人體的不淨。不僅女人的身體如此，男人的身體也是同樣。

昔日，摩登伽女愛上佛陀的弟子阿難，她跑到佛陀面前，求佛陀讓阿難還俗與自己成婚。

佛陀問摩登伽女：「你愛阿難什麼？」

她陶醉地說：「我愛他明亮的眼睛，愛他英俊的鼻子，愛他迷人的耳朵，愛他甜美的聲音，愛他高雅的步伐，我愛阿難的一切。」

佛陀告訴她：「阿難的眼睛中有眼屎，鼻中有鼻涕，口中有唾液，耳中有耳屎，身體內有屎尿，哪一個值得愛？」又叫人把阿難髒臭的洗澡水端出來，對她說：「既然你那麼愛阿難，把它喝下吧。」

摩登伽女嚇了一跳，仔細想想佛陀的話，覺得挺有道理，愛念當下就息滅了。

愛情，是經不起風雨的泡沫，輕輕一碰就會破碎。假如沒有認清它的本質，泡沫破了便失望、絕望，乃至自殺，這是不明智的選擇。

在藏地，人們也追求愛情，但不會過分地讚美它，更不會視為生命中的唯一。可是在漢地，人們把愛情渲染得無以復加，原本它沒那麼驚天動地，但被虛構的浪漫情節包裹著，不少人就迷惑了，甚至瘋狂了。直至有一天這層包裝被撕開，他們才痛苦地發現：愛情不過如此。

一切都是為了「我」

人們在愛情中動不動就山盟海誓，但承諾得再動聽，最愛的還是自己。對方讓自己快樂了，就願意跟他朝朝暮暮；對方如若背叛了自己，便會因愛生恨。

香港有則新聞，不知道你們是否知道：一對情侶，女的說要分手，男的不肯，就殺死了女友。他用尖刀在她的心臟狂插十幾下，再砍下了她的頭。事後記者問：「她已經死了，為何還要砍下她的頭？」他冷冷地回答：「我要確定她真死了。」

有人說：愛情，是人性自私中的最高境界。所有愛情都是「我」愛你，因為有「我」，才有愛。一切都是為了「我」，不是為了愛。

戀人間的關係十分微妙，只看今生，不了解前世，很多現象難以解釋。按佛教的觀點，你對某人一見傾心、情有獨鍾，這絕非是一種偶然，而是源於前世的宿債——對方要麼是來討債的，要麼是來還債的。

如果對這種因果一概否定，在面對感情問題時，會遇到許多困惑。

佛陀的愛

與這種自私的愛相比，佛陀的愛不帶任何條件，對象是一切眾生。有人覺得不太可能，但這就是佛教中提倡的愛。不僅佛陀具有，我們每個人都可以做到。

科學可以讓物質世界更強大，但不一定能讓人更幸福，若每個人都懂得調伏心的祕訣，才有可能獲得幸福和自由。早在幾千年前，佛陀就認識到了這一點，並進行了細緻宣說，希望大家在空閒時，了解一下這方面的道理。

如今，許多大學生對愛情比較盲目。有些人學歷雖高，但搞不懂一些關鍵問題，在感情上受到一點打擊就放棄自己，這樣的話，就算讀破萬卷書又有什麼用？

且不談成佛、度眾生等高深境界，僅就現實生活來講，若能懂得一些佛理，比如「一切都是無常的」，心態也會有所改變。

許多人在年輕時，一直為了愛情、名利而奔波，從來沒有尋求過關於生命的真理。直到最後一刻，才開始考慮：「人死後，生命會不會延續？還有下一世嗎？下一世我會變成什麼？」但此時考慮這些，已經來不及了。

獨生獨死，獨去獨來

在空性中，一切不存在，愛情也不例外；但在世俗層面，佛陀並不反對正常的感情生活。

若問佛：「應當如何對待愛情？」佛不會勸所有人出家，也不會讓所有人學佛。佛會說：對情不要太執著，否則一定會帶來痛苦，這不是別人強加給你的，是作繭自縛。

《無量壽經》中講：「人在世間，愛欲之中，獨生獨死，獨去獨來。」我們出生時是獨自一人，死時也是孑然一身，沒有誰能永遠陪伴自己，所以不要認為「沒有他，我就活不下去」。

有些人明明懂這一點，就是不願意接受。諷刺的是，越是害怕失去，越有可能失去。

今天，我在這裡只是想提醒一下，希望你們在追求愛情時，心裡要有一些關於無常的準備。佛教中這方面的智慧教言有很多，比如《入菩薩行論》，裡面講了如何放下自我、化解執著，是不可多得的一部好書。

假如你有時間，最好能從中找尋一下人生的方向。否則，心裡全是自私和執著，一定不會幸福。

請問師父

Q：我是中文系二〇〇九級的。「情」這個東西，經常困擾青少年，引發許多犯罪，現在已成了嚴重的社會問題。由於我們缺少社會歷練，無法控制身心，經常有一些極端行為。請問，青少年該怎樣調整自己的心？

A：這幾年來，我之所以經常去一些大學演講，就是想用自己的一點力量，讓更多年輕人了解人生的真相，尤其要明白「情」是什麼。

假如愛情十全十美，只給人帶來快樂，當然值得讚歎。但實際上，它的背後隱藏著許多痛苦之因。這一點，無論在傳統文化還是佛教典籍中，都有詳細論述。

如今許多年輕人為情自殺，究其原因，就是沒認清愛情的真面目。以前在藏地，從來沒聽說過「失戀」、「殉情」這些詞，但現在隨著一些影視劇的熱播，藏族年輕人也開始為情所困。

我年輕的時候，也有貪欲和執著。現在，雖談不上有什麼修行的境界，可是通過思考歷史上發生的事件，或者依靠佛法來觀察自心，對感情的本質有了真切的了解，慢慢就可以擺脫這些困擾。

年輕人特別需要這方面的認識。若能如此，就算你有一些貪執，它也不會帶來極大痛苦，更不會讓你選擇結束生命。

Q：我是行政管理專業二〇一一級的。您說因為執著愛情才痛苦，放棄執著痛苦就不存在了，那您對善的追求也是執著，它是否會造成痛苦？是否應該放棄？

A：執著有兩種：一種會帶來痛苦，比如感情、財物，本來不值得追求，你執著它，就會產生煩惱；另一種不會帶來痛苦，比如你追求善法、利益他人，雖然這也是執著，到了最高境界也要捨棄，但暫時來講，它是需要的。

就像有兩種船：一種非常安全，可以載你過河，船到岸上就不用了，但正在過河時，不可缺少；另一種是危船，不僅無法渡你過河，還會帶來危險，這種船要遠離。

同樣，我們的執著有好的，也有不好的。好的執著暫時可以利用，最後應該放棄，而不好的執著必須立即放棄。

Q：我是金融系二〇〇八級的。兩個年輕人相愛，但因為家人阻撓，使他們不能在一起。在此過程中，既要考慮親情，又不能放棄愛情，應該怎麼抉擇？

A：當親情和愛情發生衝突時，我覺得，最好是做各方面的努力，盡可能跟家人溝通，做到既不傷害他們，也保護自己的愛情。

當然，這種矛盾不一定能在短時間內解決。不管怎麼樣，做事不能太衝動，只要努力爭取，應該會找到比較好的出路。

現實中，有些家長剛開始不同意子女的選擇，後來經過調解，慢慢也能接受，這種情況有很多。

Q：我是國貿系二〇〇九級的。佛陀說一切皆空，那麼，修大乘佛法的上師發菩提心，想利益一切眾生，是否說明他心中還有「情」？

A：作為大乘佛法的修行人，若證悟了萬法皆空，自會放下一切執著，但沒有這種境界之前，發菩提心、利益眾生的過程必不可少，這種「情」不會障礙他。

我們證悟空性，是要利益眾生，還是利益自己？有智慧的人會選擇前者。也只有斷除了自我愛執，才能順利地明心見性。

在修菩提道的過程中，萬法皆空與度化眾生的關係一定要弄清楚。要知道，在實相中，萬法了不可得；在現相中，一切顯現卻存在。就像做夢，儘管夢境是假，但沒醒之前，夢中的痛苦要解除，夢中的快樂也要追求。

同樣，站在空性的角度，度化眾生是一場夢。但沒有證悟之前，暫時還不能放棄。

03 科技時代的佛法

佛教不是神祕主義，是現實主義。
它並非充滿玄妙的神話，而是指出如何面對情緒、衰老、疾病、死亡，讓我們樂觀，不再憂鬱。

本章為索達吉堪布在香港科技大學的演講 2011・11・24

今天的主題，我很喜歡。現在是科技時代，你們是科技大學，此時此地探討科技與佛法，有不一般的感覺。

愛因斯坦講過：「沒有信仰的科學是跛子，沒有科學的信仰是瞎子。」他為什麼這樣說？

以我的理解，科學若離開信仰的引導，對人類會弊大於利，最終，它走不快也走不遠，猶如跛子；反之，假如信仰經不起科學驗證，其教義很難令大眾信服，學修者也常有各種疑惑，如同盲人。

這位科學先哲在那個年代說的話，我認為，在當今時代，也有必要引起重視。若能體會其中涵義，或許，有助於解決這個社會的失衡。

哪方面的失衡？

人們追求物質的節奏太快了。不少人聲稱「時間是金錢，效率是生命」，結果怎樣？不說別的，就人的步速來看，英國一份報告說，現在比十年前快了一〇%。若是這樣快下去，可能連休息時間都沒有了。每天如此忙碌，人們卻沒得到預料中的安逸，反而越來越不快樂。

缺少內心的引導，在追求物質的過程中，許多匪夷所思的事情也會發生，比如毒奶粉事件、蘇丹紅鴨蛋事件、孔雀石綠魚事件……尤其是科技一旦掌握在不信因果的人手裡，為了滿足自己膨脹的欲望，什麼事情都做得出來。

若想扭轉這種現狀，佛教可以提供一些方法。

作為一個佛弟子，我不管去大都市，還是偏僻地方，都會給大家講佛教道理。之所以這樣做，主要是自己從中得到了利益，同時也很清楚，我得到的這一切，正是現代人最需要的。

愛因斯坦的回信

今天的社會，人心紛紛投向名利，對生命的思考日漸減少，煩惱越來越多。那麼，解決之道在哪裡？

一九五〇年，有位十九歲的大學生給愛因斯坦寫信，提出一個疑問：「我不知道是誰把我降生於世，不知道世界是什麼，也不知道我自己是什麼……我發現自己被縛在這個宇宙的一隅，不知道為什麼把我放在這裡，而不是那裡……」

收到來信後，愛因斯坦很快回了信。他肯定了這個年輕人的思考，但同時又告訴他，這樣提問「不可能有合理的答案」。

愛因斯坦說，一個人活著，重要的是問自己「怎樣度過一生」，這才合情合理。他認為，答案應該是：「在力所能及的範圍內，盡量滿足所有人的願望和需要，建立人與人之間和諧美好的關係。」

若想達到這一目標，他說：「需要大量的自覺思考和自我教育。不容否認，在這個重要的領域裡，開明的古代希臘人和古代東方賢哲們所取得的成就，遠遠超過我們現在的學校和大學。」

愛因斯坦認為，「古代東方賢哲們」的思想可以解決人生問題。這其中，我最熟悉的，就是釋迦牟尼佛。

我最怕的，是對傷害我的人失去慈悲心

我學佛的時間很長，雖然學得不好，但看的佛教典籍比較多，顯宗的、密宗的，藏傳的、漢傳的、南傳的都看。越學，越覺得佛的智慧不可思議。

不管時代如何變遷，佛陀的理念都適合每一個人，永不過時。

比如說「慈悲」。佛陀的慈悲，遍及任何眾生，不論人或是動物。（有人認為：「植

物也有生命。佛教不讓殺動物，對植物也該如此。」其實，動物與植物的差別很大，二者雖然都叫「生命」，但植物並非由五蘊組成。）

人的天性中，與生俱來就有悲憫心，即使你不信佛，當看到一個眾生被殘害，也會自然流露出不忍。所以，佛陀的慈悲觀很適合人類。縱然科學再發達，也不可能離開它。

慈悲引申出來，可以說非暴力。它並不帶有政治意味，是佛陀對修行人的教誡。《毗奈耶經》中說：「人若打我，我不還打；人若罵我，我不還罵；人若嗔我，我不還嗔；人若毀我，我不還毀。」這種處世原則，就是非暴力。人類需不需要呢？答案應該是肯定的。

有人認為這樣做太懦弱，被欺負就應該反抗。其實，以暴制暴，只能讓爭鬥升級，在今天看來，戰爭不論對國家還是個人，有百害而無一利，安忍才是解決爭端的最佳方式。

甘地曾說：「我的價值觀很簡單：真理，非暴力。」所以，在世界的任何角落，慈悲都是需要的。

當然，慈悲是一種境界，不是每個人都有。只有明白了為何要慈悲、怎樣擁有慈悲，才能真正做到慈悲，坦然放下仇恨。

有一位堪布，曾蒙冤入獄很多年。被釋放後，一位大德問他：「你在監獄裡，最怕的是什麼？」他回答：「我最怕的，就是對那些傷害我的人失去慈悲心。」

這句話令人動容。換成是我們，身處那樣的環境，最害怕的會是什麼？

青海也有一位大德，在那個年代天天被批鬥。每次他去接受批鬥之前，都默默發心：「願我以今天安忍的功德，利益打我的人，乃至一切眾生。」被打的時候，守護自己的心不生嗔念。打完以後，再將功德迴向給那些人，有時間就默念一遍《普賢行願品》，實在沒時間，就念一些短的迴向文。

他把磨難當作一種修行，並以「三殊勝」攝持——最初發菩提心、中間不執著、最後迴向善根。如此，那一段批鬥和折磨，反而令他的修行迅速圓滿。

可惜的是，這種理念，當今很少有人懂得。

勿待老來方學道，孤墳多是少年人

今年ＱＳ亞洲世界大學排行榜中，香港科技大學位居亞洲第一（香港大學第二，新加坡國立大學第三，日本東京大學第四，香港中文大學第五，北京大學第十三，清華大學第十六，臺灣大學第二十一）。從排名來看，你們在教育方面是頂尖的。但只要是人，就離不開生死，除了科學知識，不知你們對操控生死的心性可有什麼認識？

前美國總統尼克森說：「我們已經征服外太空，卻無法征服人們心裡的太空。」

的確，科學工具再發達，也只能觀測外在的物質。而對於內心領域，不借助修行，根本無法解開其神祕面紗。

我很羨慕寂靜山林裡的修行人，他們捨棄了舒適的生活，每天處於覺悟中，享受著心靈的快樂。雖然我們暫時還沒有這種條件，但若懂一點佛陀的教義，譬如利他心的道理，並用於生活當中，就會減少很多執著，遇到什麼都想得開，這也算一生最大的收穫。

所以，對每個人來說，了解佛理，都是極為必要的。哪怕以好奇心也可以。

有人說：「我現在忙於家庭、事業，暫時沒有時間，等老了再說吧。」但到了那時，你精力不濟、心智糊塗，因緣可能已經消失了。古大德曾諄諄告誡後人：「勿待老來方學道，孤墳多是少年人。」

這個時代，不少年輕人已開始對佛教感興趣。前不久，我們舉辦了第一屆世界青年佛學研討會，有來自於全球各地的學生參加。其中很多人通過信仰，的確體驗到了一些不可思議的事實。

當然，作為一個理智的人，若想認識佛教，光憑這些是不夠的，還應該尋找理論支持，最終達到智慧的提升。

學與修的離與合

佛教最重視的是智慧，然而許多人卻不知道，學佛僅停留在形象上，只不過是為了保平安。這是相當遺憾的。

學佛能不能保平安？

當然能，但這不是根本。最根本的，是了知佛陀的獨特智慧，而不是辦個皈依證，參加個佛教儀式。

要想了解佛陀的智慧，離不開佛典。我推薦大家學習《入菩薩行論》、《大圓滿前行》、《菩提道次第廣論》等。若能邊學邊修，這是最好的方式。

如果不學就修，很容易走偏。薩迦班智達說：缺少聽聞佛法，只是盲修瞎煉，來世會變成沒有智慧的旁生。因此，我們首先要明理。比如打坐，就要先弄清楚：為什麼要這樣做？怎樣才能讓心靜下來？靜下來有什麼作用……道理上明白了，再修就會非常穩妥。

如果只學不修，也體會不到佛法的深層境界。《楞嚴經》中講：聽聞很多佛法，若不修行，跟沒有聽是一樣的，猶如口中念著食物的名字，不吃終究不會飽。就像有些人，把佛經講得精彩絕倫，卻從沒有實修過，甚至都沒有認真思考過。這樣，即使是講了一輩子，習氣也很難改變。

因此，若想領悟佛法，一定要實實在在地學，踏踏實實地修。
最後，借用虛雲老和尚的一句話，祝福大家：心田不長無明草，處處常開智慧花。

請問師父

Q：生長在二十一世紀的年輕人，對佛法沒有太大興趣。怎樣讓年輕人了解佛法、接受佛法？

A：讓他們感受到利益很重要。

當今學佛的人群中，確實中老年居多，年輕人看重眼前的生活，大多數覺得佛法跟自己無關。不過，在我看來，即便想過好眼前的生活，佛法的理念也必不可少。

這幾年來，我去一些大學推廣佛法，並不是想用教義控制哪一個人，也沒有政治、經濟等目的，只想與大家分享佛教中的真理——不了解佛法的，盡量讓他了解；已經了解的，勸他不要停留在表面上，要不斷深入。

其實，年輕人接受佛法也分階段：剛開始，比較排斥；中間，稍微有點好奇，半信半疑；最後，得到了利益。若能真正感受到利益，誰還不願意接受？

Q：我對佛法很感興趣，但您說只感興趣不夠，還要修行。我該怎麼修？

A：修行要有次第。

你可以學習《大圓滿前行》，裡面有細緻的講解。比如先修「人身難得」，把握好這個人身的定位；再修「壽命無常」，知道人終歸一死，死期又不定，如此就會有緊迫感，精進修行；接著是「因果不虛」，人死後隨業力而投生善趣、惡趣，故一定要斷惡修善；然後是「輪迴過患」，不論生於善趣、惡趣，統統是輪迴，不是解脫，所以要從中出離……就這樣，一步一步往上修，打下穩固的基礎。否則，直接就修最高的法，聽起來是不錯，但很難從根本上斷煩惱。

要斷煩惱，乃至解脫輪迴，一定要有空性智慧。這種智慧，依靠上述基礎才生得起來。只是燒香拜佛、做善事，雖然是有功德，卻無法斷除我執，仍要在輪迴中流轉。

藏地有部論典《三主要道論》，其中講了解脫的三個要點：出離心、菩提心、無二慧。無二慧就是空性智慧，這才是最重要的。

如今很多人學佛，只注重一些表面善行，這遠遠不夠。想解脫的話，還是要學習和修行一些竅訣。

Q：我是科大的學生，對佛法半信半疑。我想問：人是怎麼來的？誰創造了人？是佛嗎？

A：根據佛教《俱舍論》，人並非如「進化論」所說，是從猿猴演變來的，沒有那麼簡單。一個人或者一個生命，都是經歷了漫長的流轉，才呈現出現今的這種狀態。

當然，人也不是誰創造的。不是神，也不是佛，是隨各自的業力而生。

Q：我現在的研究不順，很心煩，怎樣用佛法來幫助自己？

A：祈禱佛應該會有幫助。但祈禱是不是一定能達成所願？也不一定，還要看你的因緣。

就像去醫院看病，有些病醫生能治好，有些病則效果不大。既然有些病治不了，那還要不要看醫生？當然要。祈禱佛也是這個道理。

我們在遇到不順時，祈禱佛一定有加持。至於能改善多少，就看自己的信心和福報了。

Q：我是商學院的。在這樣一個越來越複雜的時代，西藏文化、藏傳佛教會不會受到衝擊？

A：這個時代，不可否認，外來文化對西藏的文化和佛教確實有衝擊。不過，短期內應該不會有大的問題。

因為藏地的文化主要保存在寺院裡，而這些寺院，大多在深山裡，沒有對外開放。而且，它的傳承持有者——許多德高望重的格西、堪布，也一直住世。加上藏族人本身就重視學修佛法，不管是出家人、在家人，都把佛法視為如意寶一樣，不可能輕易捨棄。

當然，也有一部分藏族人，去了漢地或國外後，羨慕那裡的生活，整天擺弄自己的衣服、頭髮，信仰慢慢消失。與之相反，西方倒重視起這些來，開始關注藏地的文化及佛學。到最後，我想這些藏族人的心，還是會回來的。從漢地到西方，再回到自己的故土。

Q：我是工學院的。您在書上說：佛教的精髓是大悲和智慧。如果「大悲」是指大悲心、菩提心、惻隱心、同理心，那麼，「智慧」又是指什麼？

A：智慧有兩種：一是懂得取捨並接受真理的智慧。比如你們大學生，有了智慧才能求生，否則連工作都不好找。佛教中也提倡這種智慧。

但最根本、最重要的，是通達萬法實相的智慧。跟了解不同，它是一種大徹大悟。這種悟道的智慧，才是最高深的。

Q：佛教講業力、講因緣和合，那業力是怎樣發揮作用的？

A：佛教認為，一個人的苦樂，是以善業和惡業作為「因」，與眾多複雜的「緣」結合以後形成的。你種下什麼因，就會生什麼果。

惡業，好比有毒的種子，它會產生有毒的果——苦；善業，好比妙藥的種子，它會產生妙藥的果——樂。果的不同，來自於「因」。起輔助作用的，則是「緣」，就像陽光、水、土等。

舉個例子：兄弟姐妹幾個人，他們的父母都一樣，但各自的性格、才華、工作、遭遇，卻截然不同。這些差別的「因」在哪兒？就是他們從前世帶來的業力，而不在父母身上。父母對他們來說，只是「緣」而已。

這個道理若想弄明白，需要深入佛教的典籍，在理論上思考清楚，再從實際生活中，方方面面地觀察一些現象，這樣你會有進一步的認識。

Q：對年輕人來講，四諦、十二因緣以及空性觀等哲學思想很有吸引力，可是一看到經典裡這個佛、那個菩薩，就覺得離我們很遠，不太相信。請問，這些是真的嗎？

A：是真的。釋迦牟尼佛在二千五百多年前，確實來過這個世界。不過，他不是神，而是來傳法的，把真理介紹給世人。他的思想也留在文字上，被後人稱為佛經，這些你們都看到過。所以，佛陀一生的事迹不是神話。

四諦、十二因緣或空性觀，就是佛陀的代表思想。從古到今，許多人依此學習、修行而開悟，看一些大德的傳記也知道，他們的境界絕非凡夫可比。追隨者尚且如此，佛陀、觀音、彌勒等佛菩薩的功德，又怎麼會是假的？如果你一邊學著佛的思想，一邊又否認佛的存在，這好像有點矛盾。

當然，懷疑是可以理解的。由於不了解佛法，加上環境的影響，對一些超勝境界很難生起信心，這也情有可原。但年輕人學佛，不應止於自己可以接受的部分。對於未知的領域，不能因為不相信，就否認它的存在。

Q：我是香港中文大學哲學系的，一直想全面了解「如來藏」。請問，應該從哪裡著手？

A：你可以先看幾部最根本、最精要的經論：《如來藏經》以及彌勒菩薩的《寶性論》、米滂仁波切的《如來藏大綱獅吼論》、覺囊派的《山法論》。這些顯宗經論中，都對如來藏做了細緻闡述。

Q：我是金融系的職員。在香港這個大都市，人人都忙著賺錢。生活雖然享受，但壓力很大，我們該如何對治心裡的煩惱？

A：不僅香港，內地也是一樣，人們越來越忙，每天都在接電話、打電話，想靜一靜也很難。其實，每個人應該放慢腳步，看看自己在做什麼。人生的意義並不只是賺錢，許多人在為錢忙碌的同時，生命不知不覺就走到了盡頭。到那時再回頭一看，以前追求的好多東西，原來都是虛幻無實的。

要減少煩惱，最好的方法是知足少欲。其實，快樂並非來自於錢財，現在大多數人的苦惱，不是因為沒有錢，而是因為不滿足。俗話說「知足常樂」，這的確是至理名言。

知足並不是一種消極，而是一種不強求。假如你沒有賺錢的緣分，就隨遇而安；有機緣，也可以多賺點兒。但賺錢不要只為自己享受，還應該幫幫沒飯吃的人。

有了這種心態，你會快樂地生活，該做的做，該賺的賺，但煩惱肯定少很多。

Q：我是機械工程系的。請問，「境由心生」是什麼意思？

A：「境由心生」是唯識的觀點。意思是，內外的一切顯現，都是由心產生的。這就相當於做夢——夢裡沒有真實的東西，一切都是心的造作。那「境」存不存在？存在，但只是幻象而已。

若要弄懂這一點，可以研究一下《唯識二十頌》、《唯識三十頌》，還有《楞嚴經》、《楞伽經》等。懂了以後，你會知道「三界唯心，萬法唯識」，萬事萬物是我們的心被無明遮蔽後呈現出來的一種迷亂相。

Q：佛教說「色即是空，空即是色」，如果色是空的，比如說螞蟻這個色相，既然是空的，為什麼要對它生慈悲心？慈悲心本身也是空的，又何必執著善惡？

A：因為「空」即是「色」——空並非什麼都沒有，還是會顯現一切色法。「色即是空，空即是色」，是中觀的基本思想，也是《心經》的核心內容。

在實相中，也就是在佛菩薩的境界面前，在萬法本體這一層面上，色與空無二無別。但從現相的角度，在世俗的一般顯現面前，色不是空，空不是色。所以，對於實相和現相，一定要分開層次理解。

這就像在量子力學中，觀察瓶子時，它是由夸克、亞夸克等微塵組成，但在顯現上，也就是當我們用眼睛看的時候，看見的是不是微塵？不是，是瓶子。眼睛為什麼看不到？因為這是兩種層面，不能混為一談。

所以，當看到螞蟻時，它的本體是空，但我們還沒有證悟空性之前，應該緣它的苦樂修慈悲心；慈悲心的本體也是空，但在顯現上，善和惡會導致不同的果報，因此要斷惡、修善。這是世俗層面的規律，每一個人活在世上，都脫離不了這個規律。

這方面的道理，如果對佛教有全面的了解，理解起來會比較容易。

Q：我是人文學部的。聽您講座、看您的書，我有種感覺：您是把藏傳佛教、漢傳佛教、顯宗、密宗結合起來，進行傳播和交流的。請問，您是出於什麼因緣來做這件事的？

A：說到「因緣」，唯有佛陀的智慧才能徹底了知，所以我也不清楚。像你在香港科技大學讀書，這件事看似簡單，但在它背後，也有很深的因緣。這種因緣讓愛因斯坦來說，不一定說得明白。

站在這裡，我只想把佛法介紹給大家。太虛大師說過：「科學愈發達，佛教的真意愈顯。」當佛陀所揭示的真理因為科學證明而變得更加明晰之時，人們會發現內心的真實需要，此時，佛教對人們的利益也最為深刻。

尤其是年輕一代，如果沒有佛教理念的加持和約束，我擔心有些人會做出極端的事情，甚至危害整個社會。雖然我做不了什麼，也利益不了誰，但算是一種小小的使命感吧，我常常去一些大學做交流。

在此過程中，我一直覺得自己是個學生。有人叫我「老師」、「堪布」，很慚愧，不要說老師，即使當學生，我也不太合格。只不過一想到佛教這麼好，現在人們又這麼需要，就不由自主地站了出來。

Q：不同宗派之間，對佛法的理解有差異，您有沒有遇到過別人的反對或攻擊？您是怎麼面對的？

A：有，但樂意接受。

假如我確實錯了，你反對，我不會執迷不悟，一定恭恭敬敬地接受，這是佛教訓練中的基本素質。可是，你若舉不出合理的依據，我還是會很自信地堅持自己的觀點。

如果由於觀點的爭執，升級到對我本人攻擊，我也不會生煩惱。在我看來，在開放的心態中交流，是一種享受。即使有攻擊，我堅持的若是真理，也不害怕。伽利略說過：「真理就是具備這樣的力量：你越是想要攻擊它，你的攻擊就越是充實和證明了它。」

實際上，反對或攻擊有時也是一種機遇，可以反省並提升自我。

04 減輕壓力的智慧

發明機器，本想有更多休息時間，結果人越來越累；
發明手機，本想交流越來越多，結果人越來越孤單；
發明網路，本想讓人更有智慧，結果智慧日益遲鈍。
人們猜到了開始，卻猜不到結果，這是因為忽略了什麼？

本章為索達吉堪布在廣西師範大學的演講　2012・11・02

一進校園，在最醒目的地方，我看到了孔子雕像，也看到你們的校訓「尊師重道，敬業樂群」，可見你們是個重視傳統文化的學校。

這個時代，人心浮躁、混亂、複雜，非常需要傳統文化知識。

尤其是如今科技太發達，有用的知識都在電腦裡、手機中，存在大腦裡的非常少。人們看到珍貴的教言，經常根本不記，只是把它拍下來存好，最關鍵的時候又用不上。曾在一次世界性的研討會上，幾乎所有發言者都在用ＰＰＴ。中途突然停電，一位很有名的教授由於ＰＰＴ放不了，在他擁有的時間裡，也沒有講出該講的內容。

科技能給我們帶來方便，但太過依賴於此，只能讓人心浮躁，有種非常危險的趨勢。所以，傳統文化也不能放棄。中國的傳統文化，主要有儒釋道三家，今天我用佛教的觀點和大家談談，現代人應以什麼方式減輕壓力。

生命不能承受之重

現在的大多數學生，除了考試、學習，感受不到什麼壓力。但畢業後，到了社會上，壓力就會紛至沓來。

首先到來的，是就業壓力。找到工作不夠，還要找一份滿意的工作。在工作中，要處理上上下下的各種關係，解決層出不窮的問題。接下來，是成家，供孩子、供老人、供房子、供車子……佛教中講供養三寶，世人卻要用一輩子「供養」這些，始終處於壓力和不安中。

這些壓力，能不能聽一次講座就蕩然無存呢？

不可能。

那學了佛教等傳統文化，對減輕壓力有沒有幫助呢？

的確有。因為我們的壓力，有些必須要面對，有些則是自己添加的，在某種意義上，不一定要去承受。

認識到了這一點，就會明白傳統文化對自己的意義。

現在很多年輕人，外表光鮮靚麗、神采奕奕，身上有各種高科技裝備，似乎一副堅不可摧的樣子。可在他們的內心中，承受力比較弱，面對痛苦和問題時，經常會顯得力不從心。這種現象，其實是可以改變的。雖然現在是二十一世紀，但最適合他們的方法是，往前追溯，向古代先哲們學習。

你們校園裡有孔子的像，他就是古聖先賢的代表之一。

孔子是西元前五百年左右的人物，那一階段，是整個人類文明崛起的時期。在中國，除了孔子，還出現了老子、孟子、荀子等一大批思想家。在西方，湧現了蘇格拉底、柏拉圖等諸多智者。當時的印度，誕生了佛教的創始人釋迦牟尼佛。他們的思想主張，都有文字可查，至今仍深刻影響著世界文明。

在物質和科技方面，古人肯定無法與現代人相比，但心靈方面，我們越向前行，越需要往回看，學習古人在做人、做事方面的智慧。當然，通過一個講座或一本書，不一定能讓你變化很大，但至少，也許會改變你對生命的某些看法，人生由此發生轉變。

你不會因為美景而少了壓力

最近，很多城市的發言人說，自己所在的地方是「最具幸福感的城市」。事實上，真要去住在那裡，幸福指數也不一定很高。就你們而言，桂林山水甲天下，外人會覺得生活在這麼美的地方很幸福，可長期住在這裡的人，也許並沒有特別的感覺，不會因為美景而少了壓力。

有資料顯示，中國是當今世界上壓力最大的國家。前不久十一假期時，大概有七億多人出門旅行。但因為人太多，有人長時間堵在路上，有人到了地方找不到住處，本想借假期放鬆一下，結果反而更疲憊。

這就是佛教說的「有漏皆苦」，很多東西看似快樂，本質上卻是痛苦。就像一些有錢、有地位的人，外表看起來令人羨慕，但只有他們自己知道，自己有哪些不為人知的苦。

佛教中講「苦」，並不是逃避，認真思維會發現，它所揭示的智慧符合人心，是一切萬法的真相。即使不信佛，若能以此對待人生，也會活得自在、灑脫。否則，不懂這些的話，即便是不值一提的壓力，也可能會把你壓垮。所以，緩解壓力需要一定的見識和方法。

當然，緩解壓力的方法有很多，世間有世間的方法，出世間有出世間的方法。

世間的方法是什麼呢？

有些人在壓力非常大時，會找個善解人意的朋友或親人，打電話傾訴一下；有些人乾脆挑一本好書，沉浸其中，忘卻煩惱；有些人則會聽聽音樂，用快樂的節奏驅除煩躁；也有人把事情放下，出去旅遊，散散心。

還有一些不太好的方法。比如拚命喝酒，想一醉解千愁，或者去些不清淨的場合，賭博、找刺激，用非法的方式讓自己忘掉憂惱。

這些方法，其實只是在暫時轉移壓力，沒有真正消除它。假如不能從根本上解決問題，長此以往，也許會出現一些不明智的舉動。

曾有一則新聞說，有位大學教授，非常寵愛自己的女兒，但給她的壓力也特別大，經常跟她講，你一定要為我們家爭光。女兒學習很努力，從小學到中學，成績都名列前茅，高三的時候，稍微有點下降。高考時，她本想選個喜歡的專業，但這樣可能考不上一類院校，二類院校完全沒問題。父親堅決不同意，說：「我一個大學教授，女兒考不上一流大學，我豈不很沒面子？」在這樣的壓力下，女兒悶悶不樂，話也越來越少。臨近高考時，一天早上，父親發現女兒吃安眠藥自殺了。枕邊放著一封遺書，上面寫道：「不孝的女兒離開了！我實在達不到你們的要求，沒辦法面對你們。感謝你們十八年的養育之恩……」這樣的結果，給家人帶來的痛苦可想而知。

現在有些年輕人，不管是在感情上，還是在其他事情上，遭到一些不公平和挫折時，經常會想到自殺，或者做一些傷害自己的行為，這是很不理智的。要知道，獲得人身非常不容易，假如沒有好好運用，動不動就輕生，這實在是最糟糕的選擇。

壓力，是誰都必須面對的，對此沒有必要逃避，而應用正確的方式解決。尤其是年輕人，工作後，會遇到更多讓自己承受不了的事，這時一定要懂得如何調心。否則，心不受控制的話，很可能一直與痛苦相伴，甚至會得抑鬱症。或者即使沒生病，做的事情也非常過分，最終不但自己受苦，周圍的人也跟著你一起痛苦。

壓力讓我與這個時代不脫節

其實，有壓力不一定就是壞事。正常的壓力，還是需要的，否則，一點壓力也沒有，每天過得渾渾噩噩，人生不一定有什麼收穫。畢竟人的潛能和智慧，二五％可依靠自力開發，七五％則要靠壓力挖掘。

就像有些老師，如果沒有講課的壓力，不一定會看很多書。有些學生，沒有考試的壓力、將來就業的壓力，也不一定去認真學習。所以，適當的壓力需要具足。

壓力越大，有智慧的人收穫越多，這叫「拍球效應」——皮球壓力越大，彈得越高。對此我就深有體會。

我為什麼經常出來講課？如果不願意，誰也無法強迫我。但我覺得，與各種人見面的過程中，可以學到一些東西，對我而言，稍微有一點壓力會讓我與這個時代不脫節。

因此，在壓力當中成長，是非常有必要的。人生就像釘子，若沒有任何東西對它錘打，釘子不可能自己鑽進牆裡。同樣，沒有壓力的話，人也激發不出潛在的智慧。

當然，壓力如同氣球，在一定範圍內可以轉化為動力，就像氣越多、球越大。但氣球容量是有限的，人對壓力的承受也是，超過了這個限度，氣球會爆炸，人也會倒下。

如果是一棵樹倒下了，沒把它扶起來，它會一直躺著，不像人那樣有靈魂。而人在生命的旅途中，如果倒下去，這時候一定要自己爬起來，心要堅強，要有抗壓能力。

人死並不如燈滅

面對壓力的方法，在佛教中有很多。

一提起佛教，有人也許會想到迷信，這是認知上的一個誤區。你們都有獨立思考能力，佛教講的是否有道理，可以用自己的智慧觀察。

有些人認為，佛教承認前世後世、業因果等，這不符合科學。

我要說的是，佛教的這些道理，一部分科學已經論證過，一部分正在論證中。比如前世後世的問題，佛教中講，我們今生的福報，一部分源於前世積善，一部分則是即生努力而得到的。前世的「因」怎麼在今生成熟「果」，就牽涉到人有前世後世。這個問題我經常講。因為現在很多人，對生命中如此重大的事情，完全是迷糊的。我雖然沒有神通直接看到，但通過推理和很多現象，相信人一定有前世後世。

有些人認為，這一點只有佛教徒承認，科學家不會認可。那麼，我們先來談談科學。所謂科學，至今有六百年左右的時間。這六百年要分兩個階段，前一階段的科學家並沒有否認前世後世存在；後一階段由於某些思想的流行，有些科學家對這一結論有所反叛。然而，到了二十世紀後期，很多科學家對此又予以否認，他們通過醫學、心理學、量子力學等論證，人死後並不是什麼都沒了。

比如，一九六三年得諾貝爾生理和醫學獎的約翰·艾克爾斯爵士，他在一本書中寫道，人身體裡有一種沒有形狀、沒有顏色的心識，它就像人控制電腦一樣，會控制我們的大腦。當大腦死亡後，這種心識或「自我」永生不滅。

他經過分析認定，人死並非如燈滅、水枯般毫無延續。

美國加州大學醫學院斯佩里博士，是一九八一年諾貝爾生理和醫學獎得主。他認為，所謂的「自我」，是超越身體等物質以外的一種非物質，它可以控制大腦等複雜的結構。

科學起源於西方，西方智者們對前後世的真正看法，非常值得我們研究。比如，近代科學的奠基人牛頓，也承認後世的存在。還有現代科學之父愛因斯坦，晚年開始對佛教理論感興趣——前些天，海外佛友送給我幾本書，裡面提到，愛因斯坦晚年時講到釋迦牟尼佛的功德以及佛陀如何看待世界。

一些不承認前世後世的人，其實既不懂傳統文化，也不懂現代科學的來龍去脈。他們認為，人是突然來到這個世界上的，來了以後死了，死了什麼都沒了。這樣推論下去，就是自己今生中遭受的壓力、痛苦，全都來自無緣無故。

尤其多數人認為，人的心識是大腦產生的。其實，很多諾貝爾獎得主不承認這種說法，科學領域也沒有對此進行認定。科學界發現，世界上有許多沒有大腦的人、沒有大腦的雞、沒有大腦的其他動物，但也有感受、意識和心態。所以，在大腦之外，還有一種心識存在。否認前後世的人，需要學習一下傳統文化，包括多看看西方哲學家、古希臘哲學家的論述。中國的儒家思想裡，雖然沒有著重強調前世後世的存在，但是也有文字記載。我在其他書中引用過部分公案。

不同時期，人們對幸福的定義不同

知道前世後世存在，就會明白一切皆有因果，有些事情無法強求。佛教說緣聚則生，緣散則滅。因緣具足時，不管怎樣都會發生；因緣不具足時，無論如何也挽留不住。懂得這一點，很多痛苦就不會有。

有些年輕人在戀愛時，根本不講因緣，只是一味追求。結果越是執著，失去越快，就像手握沙子，抓得越緊，流失越多，最後可能什麼也得不到。若能明白凡事都有前因，那在面對有些問題時，心態和處理方法，會跟沒有這種概念的人完全不同。

你們在學校裡學到的知識，以後在人生中能用上的不一定多，據統計只有十五%左右。關於如何調心，教科書裡也講得比較少，但這些是最基礎、也是最需要的知識。年輕人一定要補充這部分內容，若能掌握其中的竅訣，就會減輕很多壓力，而且是從根本上解決。這種緩解壓力的效果，是看書、聽音樂等其他方式所達不到的。

此外，還有一種減輕壓力的方法，就是要常有滿足感。

現在許多人喜歡攀比，其實，很多東西並不是你真正需要的，攀比和虛榮導致了過高的需求壓力。比如，普通的房子、車子就夠用了，但多數人認為這些要越貴越好，為了滿足虛榮心，給自己造成巨大的壓力。

相比之下，也許農民更快樂。雖然他們物質上可能不如城市裡的人，但也沒有那麼大的壓力。城裡人住豪宅、開好車、穿名牌，內心卻沒有安全感，他們的幸福不一定真的多。

當然，不同時期的人，對幸福的定義也不同。

有人曾問獲得諾貝爾文學獎的作家莫言，剛開始寫作的原因是什麼。

莫言說，當年他聽說濟南的一個作家比較「腐敗」，一天竟然吃三頓餃子——那是一九五七年的中國，多數人一年吃不上一次餃子。他想，作家的生活這麼幸福，如果自己能寫本小說，是不是也能一天吃上三頓餃子。這就是他寫作的起因，也是當時對幸福的理解。

幾十年前，物資匱乏的時候，人們覺得最幸福的事就是隨時可以吃上東西，各種食物唾手可得。但物質所帶來的幸福，一旦得到就會變淡，甚至慢慢消失。這種幸福，是相對且不恆定的。

一九九三年我去美國時，五〇％以上的美國人有私家車，去哪兒都自己開車，我覺得他們很幸福。但後來跟更富有的人聊天時，發現這些人也有苦惱，因為沒有買私人飛機的能力。

人的物質生活水平越高，對自己的要求就越高，這時候，壓力會越來越重。或許對有些人來說，只有到死的時候，所有希求才能真正放下。

當然，佛教講「放下」，不是讓你什麼都不做，而是讓你別太執著。

有一則寓言說，有隻狐狸看見一個院子裡有葡萄，很想進去美餐一頓，可是因為太胖，鑽不進柵欄，就三天三夜不吃東西，最後終於鑽了進去。到了裡面，牠大吃特吃，可當要離開時，又鑽不出來。只好故技重施，三天三夜不吃東西。結果，出來的時候，肚子跟進去時一樣。

人何嘗不是如此，赤條條地來到人間，又兩手空空地前往後世，沒有人能帶走一生苦苦經營的名與利。

所以，適當的時候，我們還是要學會放下，讓自己有一種隨緣的心理——「得之我幸，不得我命」。得到了，是自己的幸運；得不到，要麼是今生能力不行，要麼是前世業力所致，有因才有果，也沒必要特別痛苦。

讓人生不那麼苦的第一步，是看破放下

我們的痛苦大多來自壓力，而壓力，往往是自己製造的。

有一個大學生，對自己要求非常高。他的目標是，畢業後，一定要進入世界五百強企業，月薪八千至一萬；三年內，一定要事業有成；三年後，一定要買輛好車……他給自己設定了很多的「一定」。事實是，畢業後好長時間，他連份工作都找不到。朋友勸他：「要求先別太高，從月薪兩千做起。等有了基礎，慢慢才能越來越好。」現實讓他明白了理想和現狀之間的距離，如果沒有一顆隨緣心，這個距離中間存在著的，就是巨大的壓力。

人生這幾十年，壓力無處不在。因為學業壓力，學生想盡快畢業；畢業進入社會後，工作、感情、生活等方方面面的壓力接踵而至，又開始懷念學生時期的生活……如此心態反反覆覆，壓力起起伏伏，確實正如佛教所說，人生皆苦。

讓人生不那麼苦的第一步，是看破放下，這時，壓力才可能減小。若再深入，生起了

佛教中的出離心，自我解脫也不會困難。

減壓還有一種方法，就是要經常幫助別人。

有個成語叫「助人為樂」，這種表達很到位。加拿大麥吉爾大學的研究人員也發現，人在利他的過程中，痛苦能夠明顯減輕。

或許有人說：「我又沒錢，怎麼幫助他人呢？」其實，幫人不一定非要錢，哪怕只說幾句關愛的話，或者用表情鼓勵，也能夠幫到人。

美國有本暢銷書《二十九件禮物：一個月的布施如何改變你的人生》，故事大意是，一個女士由於長期的工作壓力，患上了神經系統疾病，多方求醫不見起色。後來遇到一位非洲醫生，醫生給她開了個奇怪的「藥方」——二十九天內捐贈二十九件禮物。她感覺很為難：「我連床都下不了，怎麼給別人送東西？」醫生告訴她：「禮物不需要是物質的，說一些關愛的話語也算。」她抱著試試的想法，開始每天做一件力所能及的布施，當然，你們肯定也猜到了，她的身體慢慢好了起來。

所以，當你不只關心自己的得失時，壓力和痛苦會越來越少。

人類最大的痛苦源於自私

人類最大的痛苦源於自私。有些女孩特別愛哭，但有多少眼淚是為悲憫他人而流的？是為非洲兒童的飢餓哭泣嗎？是為遭受颶風的災民難過嗎？恐怕不是，絕大多數人的眼淚都是為了「我」。某人對「我」態度不好、對「我」不公平……「我」字當前，很難不痛苦。因此，佛教極其珍視無私的慈悲心。這種心，不管是西方人、東方人、非洲人都需要。世間上的絕大多數理念，往往只能盛極一時，但有一種理念，不會因時代的變遷而褪色，它就是慈悲。

慈悲是人類最珍貴的寶物。沒有慈悲心的人，在任何一個時代、任何一個群體中，都是大家想要遠離的。有慈悲心的人，且不說能給別人帶來利益，自己的壓力也會減輕。比如，當你身體不好、心情不好時，如果忙於幫助別人，自然會忘記煩惱和痛苦。

還有一種減輕壓力的方法，是具有無我空性的智慧。

佛教講「萬法皆空」，現代物理學將量子力學與空性對比後，也證明了二千五百多年前佛陀宣講的這個道理是正確的。當然，這並不是說量子力學所推斷的物質的終極屬性，與佛教講的空性完全相同。事實上，物理學家只抉擇了空性的一部分理論，並非全部。但對於只接受科學的人來說，這種對比，或許可以幫你們找到一個了解佛法的入口。

若真懂得空性之理，對減輕壓力有很大幫助。地位也好、名聲也好、財產也好……當我們用智慧觀察、抉擇後，會發現全是假象，包括「我」也並非真實，萬法就像虛空一樣。有了這種心態，一切痛苦自然會消失。

所以，現在西方，包括日本，很多人喜歡修行佛法來減輕壓力。他們的修行有兩種：一是學習空性法門，通過理論認識到萬法不真實，如《駭客任務》裡的虛幻世界。還有一種就是通過禪修，讓心安住。一切痛苦從心上解決，這個方法尤其管用。

很多人常會感到身心疲憊不堪，這時，依靠禪修就可以調節。平常，我們每天早晚可以抽出點時間打坐，或者，一年中抽出幾天參加禪修。不少高校都有禪學社，禪修對修心養性有很明顯的效果。若能懂得調整心態，不僅自己身心安樂，也會給周圍的人帶去溫暖。

下面給大家講兩種禪修方法：

一是有緣的禪修，即觀佛像的方法。

在面前擺上釋迦牟尼佛的畫像或塑像，身體端坐，兩手結成釋迦牟尼佛的手印，或者結定印，專注凝視佛的身相。凝視一會兒後，閉目觀想佛像。當印象模糊或心散亂時，睜開眼睛繼續看，再閉眼觀修……如是三四天後，原來煩躁的心態，就會慢慢改變。

二是無緣的禪修。

當你感到痛苦時，當下觀察它的本體，尋找這顆痛苦的心在哪裡——在身外還是身內？如果在身內，又在哪個部位……最後，心也找不到，痛苦也找不到，在這樣的境界中安住。經常這樣修，到一定時候心態就能恢復。

調心對現代人來講非常重要。心態擺好了，無論遇到什麼樣的壓力，都不會痛苦、崩潰、受折磨。

心靜下來時，想法會自然呈現

許多人希望事業成功，若懂得佛法，成功的可能性也會大大增加。

「蘋果」創始人賈伯斯就是非常虔誠的佛教徒。一個日本禪師曾跟他講，千百年前，有兩個僧人針對風吹幡動進行辯論。一個僧人說，是風在動；另一個說，是幡在動。六祖聽了他們的爭論後說，不是風動，也不是幡動，是心在動。

如果沒有佛教基礎，會很難接受這種說法。事實上，六祖講得很有深義，這就是「萬法唯心」的道理。簡單說，當你討厭一個人時，他做什麼都讓你看不慣，而當你對他的看法改善了，他做的一切又會讓你覺得順眼。再比如，當你心情煩躁時，看桂林山水也沒什麼感覺，心情好了，看到一般景致也會覺得很美。所以，外境上沒有絕對的好壞。

禪師的提醒讓賈伯斯了解到，一切都是心在作怪。此後，在工作和做決策時，他嘗試用一顆禪心去完成，結果收穫了許多天才的創意，創造了與眾不同的「蘋果」帝國。

日本「經營之神」松下幸之助也是一名學佛的商人。他在九十五歲接受記者採訪時說：「像我這種才能的人在這個世界上比比皆是，我之所以能成功，其中關鍵一點就是對禪的領悟。」

有位日本禪學家聽到他的言論後，總結成了兩句話：「不通禪理，生活乏味；不明禪機，難成大業。」意思是，生活中一定要有禪的妙味，否則，每天忙碌、盲目、苦悶，這會活得非常乏味；若能通達禪的智慧，用禪來調整心態，可以成就廣大的事業。

依靠這些道理，希望你們能夠減輕壓力和痛苦，獲得真正的快樂。

請問師父

Q：我是一名研究生。每種文化要不斷變化，才能更好地適應時代發展。在二十一世紀的今天，佛教需要哪些新的變化？

A：佛教至今已有二千五百多年歷史，我認為，它的內容不需要任何改革。因為佛法完全是人類的思想精華，並非因為我是佛教徒就讚歎，包括榮格、魯迅等東西方智者對此是如何評價的，不少人應該比較清楚。此外，歷代高僧大德通過自己的修證，也證明了佛法所講真實不虛。

當然，隨著時代變遷，弘揚佛法的形式可以改變。像以前，佛教傳入漢地後，與漢文化融合形成漢傳佛教；傳入藏地後，與藏文化融合形成藏傳佛教。這些形式都很好，是隨順時代因緣的一種產物。但佛教的內容，不管在什麼時候，都經得起歷史的考察，也經得起後代智者們的剖析。

Q：我也是本校的研究生，聽了您的講座受益匪淺。請問，佛法的核心價值是什麼？

A：佛教分小乘和大乘。小乘的核心價值是追求自己從煩惱中解脫；大乘對自己的解脫不是特別重視，核心價值是利他，雖然也希求佛果，但成佛是為利益一切眾生。

現在的社會比較缺少利他精神。不管是提倡馬克思主義，還是社會主義價值觀，都應該讓每個人減少一點自私心，增上一點利他心，這樣，社會才能真正和諧。所以，佛教與這個時代不相違，不但不相違，而且是當今非常需要的。

Q：佛教的精髓，您能否歸納為三到五個字？

A：煩惱即菩提。

Q：以前我去雲南松贊林寺，看到一個賣香的佛堂旁邊，是個賣烤香腸的小商店。佛家本應宣導吃素，僧人們卻沒有制止這種行為，這是不是對佛祖的褻瀆？

A：以前我去普陀山，看到有個飯店外面寫著「佛光普照」，一進去，他們卻在殺魚。對此你怎麼看？

Q：在公共場合而不是寺院的話，可能沒辦法吧，因為不是每個人都信佛。

A：不是公共場合，是一座寺院的門口。

Q：難道是要強調每個人都自律嗎？

A：對，這個時候我們要知道，有些清淨寺院的周圍，可能也會有不清淨的現象。現在的社會比較複雜，有些現象不一定是寺院的本意，主要是很多人把寺院當成賺錢的場所，而且這種現象越來越嚴重。

不僅僅是在雲南，如今漢地的四大佛教名山，都面臨著這種問題，也發生了許多不太愉快的事情。這一點，有些佛教徒可能不知道，或者，知道了也無力制止。

以賣門票來說，這種行為我們非常反對，但漢地這個傳統也有歷史原因。其實，在國外，寺院賣門票是很少見的。所以，現在許多佛教徒也在呼籲，希望商業與宗教分開，清除各種不合理現象。我所在的五明佛學院，是不允許這些的。

Q：我是教育科學學院的研究生。剛才您講「煩惱即菩提」，請問，菩提到底指的是什麼？它來源於何處？它所表徵的又是什麼？

A：我今年在講《六祖壇經》，對這個道理也做了一些分析。關於菩提的本質、來源，還有煩惱如何轉為道用的方法，需要比較系統的學習，才能真正明白。

Q：我發現，藏傳佛教的儀軌比漢傳佛教更多、更規範。佛在《金剛經》中說「無我相、人相、眾生相、壽者相」，又說「知我說法，如筏喻者，法尚應舍，何況非法」。請問，

儀軌是不是一種相？儀軌太多，是否違背不著相的精神？

A：佛陀說法，不是只針對一個眾生、只講一種境界。有些人對佛法了解得不是很深，看了《金剛經》、《心經》裡的一句話，就開始斷章取義，否定佛法的其他內容。這顯然不太合理。

所謂「無我相、人相、眾生相、壽者相」，是就究竟實相而言的，站在世俗現相的角度，修行儀軌不可缺少。事實上，不僅藏傳佛教，漢傳佛教、南傳佛教也有儀軌。比如，寺院每天有早晚課誦，出家人要受持比丘戒、比丘尼戒……

雖然儀軌本身是一種相，但修行人還沒達到最高境界之前，不能捨棄它。這個道理很簡單，就像吃飯也是一種相，但你若做不到不吃飯，那飯還是要吃。

Q：**我在寺院常看到有人在佛前許願，您怎麼看這種行為？**

A：許願最好是為了眾生，不能光想自己的工作和家庭。當然，若實在發不起這種心，也可以為自己許願。只要心清淨，依靠佛的加持，願望會比較容易實現。

Q：**我是外國語學院的老師。雖然看佛書好多年，感覺自己還是比較愚鈍，運氣也不太好。請問怎樣才能轉運？**

A：佛教認為，只要因緣具足了，命運就可以改變。

如果你想轉運，最好多看《了凡四訓》，常懷善念、常行善事，命運就會逐漸好轉。

當然，如果往昔造的惡業太重，想馬上轉運也有困難。就像一個人犯了法，已經被關到監獄裡，想讓他馬上恢復自由，這也不太現實。但不管怎樣，都不要對人生失望，也不要對自己失去信心。

Q：我母親是佛弟子，她現在有一個困惑：每當看到親友行為不如法，她就會去勸，如果對方不接受，還會嚴厲批評，結果讓別人起嗔心；不勸的話，又會良心不安。請問有什麼辦法可以幫她？

A：身為大乘佛子，理應盡力饒益眾生。如果自己付出了，效果卻不理想，也要有隨緣的心態。我很喜歡「得失從緣，心無增減」這句話。什麼事情都要看開一點，沒必要因為一件小事，自己的心起起伏伏，苦惱半天。你可以用這個道理開導母親。

Q：這個時代比較浮躁，以後有時間，我想用禪修讓心靜下來。除了觀佛像等方法，您有什麼更好的建議嗎？

A：如果你想禪修，不要等到「以後」。

要知道，有些念頭是不容易生起的。一旦生起了，就要把握當下，讓自己盡量在生活中修行，在修行中生活。

有些人禪修、做慈善，非要找個專門時間，比如「明年放假我再修」「等退休後再學佛」，這樣一直拖著，以後不一定還有機會。

Q：佛說眾生平等，但世上有許多不平等，佛教對此如何看待？

A：佛教所謂的平等，不是簡單的一刀切——所有人個子一樣高、皮膚顏色都一樣……佛教的平等主要是指，眾生本性是平等的，都有如來藏，具足成佛之因；眾生感受也是平等的，包括動物在內，都喜歡快樂、不願痛苦，所以要慈悲對待每一個生命。

這種平等觀，現在的人比較欠缺。許多人只管自己，不顧眾生死活，結果自己也不會真正快樂。

Q：面對一些不平等，我們怎樣保持心態平和？

A：要想到這是前世的業力所感，或是自己福報、智慧、能力不夠所致，不要將過錯推在他人身上，應以感恩心來對待一切。

05

佛陀眼中的利他

學佛是為了成佛。
成佛是為了利他，不是為了自己快快樂樂。

本章為索達吉堪布在山東大學的演講 2011．11．16

提起「佛陀」，有人以為是神話中的人物。其實，佛在歷史上真實出現過，是一個經得起學術界考證，萬人景仰的歷史人物。

最近，佛牙舍利迎請至緬甸供奉，該國舉行了隆重儀式：副總統率二千多人到機場迎接，總統與六千多名政府高官在供奉地恭迎。四十八天中，朝拜的人絡繹不絕。

佛指舍利當年被請到臺灣地區瞻禮時，也是規模空前。短短十一天內，每天的朝拜者超過十萬，先後朝禮之人超過百萬。

現在已是二十一世紀，人們有較強的辨別能力，不可能盲目信仰一種事物。那為什麼僅僅是佛陀的一塊遺骨，就得到這麼多人尊重？人類發展到今天，也曾湧現過許多名人，他們有沒有受到如此崇拜？

比如，愛因斯坦要求死後不建墳墓，把骨灰撒在不為人知的地方。但一個叫哈威的美國醫生，偷偷把他的大腦切下研究，四十二年後才交給普林斯頓大學醫院，讓它回到愛因斯坦逝世的地方。雖然這個大腦令很多人著迷，但它既沒有佛陀遺骨那樣的加持，也沒有得到人們的崇信。

或許因為我是佛教徒，所以，對佛陀有種特殊的情感。不過，大家也應該思考：跟歷史上的名人比起來，佛陀有哪些超勝功德？後人為什麼給予無上尊崇？佛陀為眾生廣演八萬四千法門，留下浩如煙海的三藏教典，到底講了什麼道理，令無數人為之折服？

今天在座的人，有些信仰佛教，有些不一定。但即便你不信佛，也可以試著去了解，因為佛法不單是一種信仰，更是一種智慧。

連佛陀都無法衡量

大家都清楚，由於一些原因，傳統文化受到重創，我們這一代人是首當其衝的受害者。不少人的人生信條，除了追求金錢、地位、美色，基本不關心道德理念。有人甚至認為，心腸越狠，就越會成功，在欲望的推動下，為了自己的利益，無所忌憚地損害大眾。這樣做，結果其實非常可憐。他們不想痛苦，痛苦卻一個接一個降臨；想要快樂，快樂卻像仇人一樣被徹底滅掉了。

追求快樂是人之天性，但方法錯了，也會南轅北轍。獲取快樂的方法，佛陀早已明示，就是要實行利他。若更進一步，則最好能擁有一顆菩提心。《無畏授所問大乘經》說：「菩提心功德，是勝妙良藥，一切病能治，施有情安樂。」

什麼是菩提心？

究竟意義上講，就是願一切眾生離苦得樂，獲得佛果的心。這是最上等的善心，常人很難生起。有些人即使一輩子學佛，若沒有修過菩提心，遇到關係不好的人，不要說幫他獲得快樂，就算是「願他快樂」的善心也生不起來。

菩提心是大乘佛教的根本，不了解它，想認識大乘無從談起。有些學佛人，口頭上雖然常說「菩提心」，實際上連字面意思都不會解釋，反而將它與慈悲心、善心、慈善混為一談，這是相當遺憾的。

所謂菩提心，分為兩種：願菩提心、行菩提心。願菩提心，是為利益一切眾生而希求無上佛果的發心；行菩提心，是在此基礎上，於行動中真正去做，行持六度萬行。

這種心一旦生起，哪怕只有一剎那，功德也相當巨大，即便佛陀也無法衡量。《涅槃經》講過：「何人一剎那，觀修菩提心，彼之諸福德，佛陀不能量。」

當然，如此境界，並非人人都能馬上做到。如果你無法一下子達到，那可以先從慈悲心開始修——慈心是願眾生獲得快樂，悲心是願眾生遠離痛苦。

現在國外不少大學，都開設了修慈悲心的課程。有些教授讓學生在上午、下午各用十分鐘修心。一兩個星期後，通過儀器檢測，發現他們的心態變得柔和、調順。即使脾氣暴躁的人，心情也十分輕鬆。所以，他們把這種訓練稱為「輕鬆治療法」。

解脫最快的一條路

關於菩提心的功德，有個故事對我啟發很大：

公元十一世紀，印度有位班智達，叫阿底峽尊者。他是東孟加拉國的王子，本應繼承王位，但有一天度母在夢中告訴他：「你已當過五百世的班智達，解救眾生脫離輪迴苦海是你的使命，不可以半途而廢。」他醒來之後，認清了過去的願力，於是離開王宮，捨棄紅塵出家，依止羅睺羅尊者為師，並在上師的教導下，很快精通了三藏。

有一天，他在看書時，突然產生一個困惑：「直接通往開悟，哪一條路是最迅速的？如果遵循大乘菩薩道，必須在無量劫中救度他人，才可達到涅槃彼岸，那麼，我何時才能開悟？」

為此，他去請教上師。上師告訴他：「你太關心自己的成就了。長養菩提心，忘卻自己的利益，多關懷他人的福祉，才是解脫的唯一途徑。執著自我是痛苦的根源。」

此後不久的一天，他轉繞佛陀的成道地——菩提迦耶時，聽到兩個美麗的女子在對話。一個問：「什麼是達到開悟的最好方法？」另一個回答：「無我的菩提心，是成佛的大道。」

第二天，他去佛塔及塔旁的菩提樹繞行，又聽到一個老乞婦告訴一個痲瘋病人：「菩提心是超越苦海、獲得開悟的最好方法。要設身處地多為他人著想，放棄自私自利的想法。」

他聽了以後，心想：「這裡的每一個人，從最高貴到最卑賤，似乎都知道開悟的最好方法，和我上師說的一模一樣，只有我一個人還遲疑不定。」

第三天，他手持念珠轉繞聖殿，看見一隻小鳥棲息在觀世音菩薩像的膝上，菩薩像開口對小鳥說：「具備捨棄自己、愛護他人的菩提心，是圓滿證悟的最好方法。」就在這一刻，他所有的疑惑全部煙消雲散。

了知菩提心的重要性後，尊者前往印度尼西亞依止金洲大師，在十二年中唯一修菩提心，最終獲得開悟。

後來，藏地因朗達瑪滅佛，佛教遭到毀滅。國王智慧光為重振佛教，多次派人去印度迎請阿底峽尊者。尊者請求度母給予指示。度母告訴他：「前往藏地，你能利益無量眾生，但壽命會減少二十年。原本你可以活到九十二歲。」想到能夠利益眾生，尊者義無反顧入藏弘法，扭轉了藏傳佛教的混亂局面，並開創噶當派，撰著了《菩提道燈論》——著名的《菩提道次第廣論》就是對這部論的注釋。最終，他於七十二歲示寂，被尊為藏傳佛法的中興祖師。

阿底峽尊者傳下來的菩提心修法，一直到現在，在藏地仍保存完好，所有教言、修行次第不但在寺院裡隨處可見，在人群中也廣為流傳。與漢傳佛教相比，藏傳佛教在修菩提心方面有不共的優勢，很大程度上是尊者的功勞。

如今，國內外有許多學者，對菩提心的教言很感興趣。可是，純粹學理論還不夠，若沒有實修，遇事就派不上用場。所以，道理一定要在實踐中運用，所作所為要經常想到利益別人。

很多人一天大部分時間都在想自己，從未想過為大眾做些有意義的事情。當然，完全不管自己，身為凡夫也做不到。但有時候你越是想自己，越得不到什麼利益；心裡越是裝著別人，福報反而不期而至。

近幾年，道德下滑的事件層出不窮，究其原因，就是人們缺少利他心。在藏地，一個人若是被車撞了，九九%以上的人肯定馬上停車，全力以赴去搶救他。不要說是人，就算一頭犛牛，大家也會想辦法救牠，或者給牠念經，不可能看眾生受苦卻視若無睹。

藏地有一位著名的大成就者，叫華智（巴珠）仁波切。他有一次徒步去石渠舉辦法會，途中看到一位寡婦，艱難地帶著三個孩子，也準備去參加法會。他見孤兒寡母可憐，便背起孩子一路同行，甚至去化齋分給大家，一直送到目的地。

這樣的事，若是被我們遇上，也會如此出手相助嗎？

對多數人而言，假如親友有難，伸出援手義不容辭，但受苦者若是素不相識的人，好像就跟自己無關了。這即是缺乏利他心的表現。

虛空也裝不下它

佛教的核心，就是利他，希望所有眾生離苦得樂。

或許有人認為：「這根本做不到，所以沒什麼了不起。」

先且不論你能否做到，僅僅是生起這一顆心，其功德如果有形有色，連虛空也裝不下。《寶積經》說：「菩提心功德，若有色方分，周遍虛空界，無能容受者。」

佛經的這些字句，望大家細細體會。它是佛陀的智慧流露，即使文字不多，但裡面的深義，許多人窮盡一生也不一定能完全領悟。

可能有人又提出疑問：「佛教若真如你所說那麼好，為什麼很多人不信？」

其實，任何高深的學問，無論是尖端科技，還是佛教道理，懂得的人只是少數。就像精通珍寶價值的人，在這世上也只如鳳毛麟角，普通人很難辨其優劣。

但不管是否懂得它的價值，只要是人，就難免會遭遇不幸、煩惱。若能掌握大乘佛教的調心方法，比如自他平等、自他交換、自輕他重，或者阿底峽尊者所傳的知母、念恩、報恩等，不要說來世，在今生中就可以化解許多痛苦。

有人可能擔心：「學佛知道一點就行了，千萬不要學得太深，不然就會出家。」

這有點過慮了。每個人緣分不同，學佛不一定非要出家。在佛教歷史上，即便是釋迦牟尼佛住世的時代，學佛者也很少出家，大多都是在家人。所以，佛陀為在家人傳講的經典，數量是非常多的。

菩薩就是勇士

我們生而為人，應該有自己的信仰；即使沒有，最少也要了解利他的可貴。

大家應該聽過「菩薩」一詞。菩薩是菩提薩埵的略稱，意思是勇敢的心。勇敢在哪裡？敢於放下自己，萬難無畏地去利他，這是一般人做不到的。

不少人以為菩薩只是寺廟裡的雕像，其實，為了他人而不顧自己，就算遭受白眼、挖苦、不理解，只要能幫助別人，自己也甘願承受，這才是活生生的菩薩。

青海有一位出家人，許多人說他是菩薩。為什麼？因為他的生活極為簡單，但只要有人需要幫忙，自己必定不遺餘力，哪怕被冤枉也無所謂，一生都是如此。

這種精神，每個人都需要。現在的教育總是教我們怎樣成功、怎樣賺錢，卻很少提及怎樣利益別人。久而久之，這個社會將變成怎樣？不難想像。

當然，利他心的內容非常多，在這麼短的時間裡，很難讓大家完全明白。即便如此，仍然希望你們能意識到：利他心正如摩尼寶，它所散發出的光芒，能遣除人類內心的愚癡黑暗，照亮人生的正確道路，故不可不重視。

請問師父●●●●●

Q：我是生命學院的研究生。請問，菩提心應該怎麼修？

A：菩提心的修法非常多，有願菩提心、行菩提心的修法，也有自他平等、自他交換等修法。具體在《大圓滿前行》、《心性休息》中有介紹。

簡單地講，你可以隨時隨地這樣觀修：把自己的快樂全部給眾生，眾生的痛苦全部由自己代受。

有人認為這太可怕，別人有傳染病的話，會不會也傳給自己？實際上，大可不必有此擔憂。這樣修，可以減少對自我的愛執，依靠菩提心的強大威力，反而能獲得不可思議的利益。

Q：怎樣才能找到正確的人生方向？

A：人不是只有這一輩子，生命會延續至生生世世。所以，建議大家了解一些佛教理論，這不會有什麼危害。

我翻閱過佛教的《大藏經》以及古今中外很多書籍，通過對比發現：佛教對人生有難以想像的指導作用。因此，從佛教中尋找人生之路，是值得推薦的一種方法。

Q：我是佛教專業的研究生。您能否通過對漢地、藏地的見聞，比較一下漢、藏佛教有何不同？

A：以前，漢地對藏傳佛教的認識比較少，直到一九八七年，法王如意寶前往五臺山，很多漢族人才開始廣泛接觸藏傳佛教。

漢傳佛教歷來推崇吃素、參禪、念佛，這方面做得比藏傳佛教好。而藏傳佛教，提倡辯論，以此可消除對佛法的各種疑惑；它擁有系統的修學體系，用十到二十年的時間，對佛法由淺至深學下來，這樣修行比較扎實；還有藏傳佛教的法師們，必須經過長期的講經、辯經、造論等各方面訓練，以及戒律方面的嚴格審核，才能具備一定的弘法資格，所以在佛學方面有較高的水準。

總體來講，漢傳、藏傳都是大乘佛教，沒有太多的差別。只不過希望漢傳佛教今後不僅要在寺院裡弘揚，還應該在老百姓中、大學裡，傳播佛法的教義。

漢地很多人學佛特別虔誠，但到寺院裡只是拜佛、燒香、皈依，卻不明白為何這樣做，這可能有點盲目。

還有些佛教徒，別人問他學的是大乘、小乘，他很自豪地說是大乘。但以什麼標準來判斷？他卻一無所知。其實，大乘與小乘的區別，唯一看有沒有利他的菩提心。若沒有這顆心，就算你修很多寺廟、做很多善事，也談不上是大乘。

現在的佛教徒，搞形象的有點多，通達佛理的比較少，這是令人遺憾的地方。

Q：在藏地，其他宗教與佛教有沒有衝突？藏傳佛教內部有許多宗派，彼此之間有沒有矛盾？

A：藏地除了佛教，歷來很少有其他宗教。近幾年雖然也有極少數，但到目前為止，其他宗教在藏地並不興盛。

而佛教，是從西元三三三年起，興盛於藏地的。時至今日，儘管它經歷風風雨雨，比如歷史上有朗達瑪滅佛，但其清淨傳承依然保存完好，並吸引了國外很多學者前來求學。

藏傳佛教的內部，分為格魯、薩迦、寧瑪、噶舉、覺囊等八大教派。以前個別地方由於教派不同，有過不和的現象，但現在各教派之間非常和睦，大家都承認修行之道是最初發菩提心、中間積累資糧、最後獲得佛果。所以，各派教義在大的方面，應該說沒有任何衝突。

Q：我們是山東大學的藏族大學生，非常感謝堪布來這裡講法，也感謝學校提供這樣的機會，我們特別激動！認識您，主要是通過網路。您放生等好多視頻，我們看了感同身受，也經常學習您的講法視頻。請問，我們在內地讀大學，應該注意些什麼？另外，我們

對在網上學佛非常熱心，也很認真、積極。可否請您在網上多放些藏文方面的資料？

A：你們為求學而遠赴異地，非常不容易。山東是儒教的發源地，而儒教，數千年來是漢地的主流文化，就像藏地的佛教一樣。大家有機會在這裡學習，應該好好珍惜，不要虛度時光。

前不久，我在青海的一所大學裡提過，現在有些藏族學生，對自己的傳統文化——佛教不太重視；反而漢地很多學校的師生，對藏傳佛教頗有研究。這是令人慚愧的。希望你們在讀大學時，既要研究漢地的優秀文化，也不要捨棄藏傳佛教。

還有一點值得提醒的是，有些藏族學生，包括我資助的大學生，到漢地讀書以後，把藏語忘得一乾二淨。其實，就算是漢族學生出國留學，回家跟父母說話也講漢語，不會滿口英文，藏族學生為什麼這樣？對此大家要引起注意。

關於藏文資料，我的藏微博、藏博客中有一些。此外，我還開了藏文版的智悲佛網，希望借此弘揚藏傳佛教這一傳統文化，同時將現實問題與佛教結合起來，做些適合年輕人看的東西。

Q：我讀過一些佛教書籍，但在遇事時，經常第一念還是想自己，以自我為中心，對此我挺苦惱。怎樣才能真正將菩提心運用到日常生活中？

A：這是非常非常難的。但即便如此，我們也要慢慢練習。

我本人學佛那麼長時間，遇到一些事時，也往往第一個念頭就是「我」，特別慚愧。所以，我們應該多看些阿底峽尊者等前輩大德的傳記，一點一滴學習他們的行為，逐漸減輕對自我的愛執。剛開始的時候，我們可能會天天想著「我」，但只要了解到利他的重要、我執的危害，對「我」就不會那麼看重了。

當然，這不是一兩天或一兩年就能做到的。只有循序漸進、持之以恆，最終才能無論何時何地，都會自然而然想到眾生，而不是「我」。

自古以來的許多大德皆是如此。包括我們佛學院的一些大德，最初也是下了很大功夫，訓練自己不管是說話、做事，時時把利益眾生放在第一，久了，菩提心的境界才能運用自如。

Q：我是傳媒專業的。我學習您講的《大圓滿前行》時，一開始還能堅持每天五點半起來觀修，但過一兩個月，惰性、厭煩心就生起來了，對此我特別自責。有師兄說：「這是正常的，發心越大，違緣越大。」我想知道，這種說法怎麼來的？

A：首先，很讚歎你的修行精神，但我不承認發心越大，違緣越大。

雖然是有「道高一尺，魔高一丈」這種說法，世人也講「樹大招風」，一個人的事業越大、修行越成功，出現的違緣可能就越多。但這不是千篇一律的，也有些人修行越好，一切違緣反而統統消失了。

學佛剛開始非常精進，慢慢就有點懶惰，這是正常現象。但只要明白修行的重要性，修行也給自己帶來了真實利益，此時你不會放棄的。我相信，一個人修行越精進，違緣就會越少，成就也會越快。

Q：我來自山東中醫藥大學。我常看到路邊有賣魚、鱉的，本想拯救這些生命，但俗話說：「沒有買賣，就沒有殺害。」放生也是一種「買賣」，對此我就產生懷疑，甚至更極端地想，會不會有人專門去捉來給你放生。我該怎麼做才是對的？

A：買賣，不一定都會帶來殺害，像放生便是如此。所以，有些問題要具體分析。

當然，確實也有人為了我們放生，專門去捕魚、捉鳥。但即便如此，生命也是最寶貴的，不管在什麼情況下，都應把救護生命放在首位。

放生時，我們需要注意一些問題，例如不一定非要定期放生。否則，別人就會摸準規律，在初一、十五或佛教節日裡，抓很多動物來高價出售。因此，放生應避開這樣的時間，隨時都可以。

畢竟放生是種偶然行為，每個月若隨機放一兩次，別人猜不出你的計畫，也不會為了你放生而去抓。如此，你所擔憂的問題就不存在了。

06

佛教的低貪生活

「人定勝天」這個成語，多年來一直被人誤用。
其本意是，人心安定高於一切。並不是說人一定能戰勝老天。
「定」是安定，不是一定。
很多人沒弄懂它的意思，
就打著「人定勝天」的旗號去征服自然。
結果呢？

本章為索達吉堪布在廣西大學的演講　2012・02・27

來到這裡，既難過，又開心。

難過的是，十五年前我隨上師來過廣西，並擔任他的翻譯和侍者。上師在邕江邊住了幾天，給有緣人傳講佛法，在青秀山舉行放生……如今，故地重遊，腦海中浮現出當年的情景，而上師卻已不在，心裡有種說不出的感覺。

開心的是，二十年前，廣西大學的幾位老師就在研究佛法，尋找心靈奧祕，我們也有過交流。現在看到他們依然在這條路上探索，我非常欣慰。學佛，就要這樣長期堅持。只是一時熱情，不會有什麼成就。

出家人也入世

有人可能想：「出家人應該待在寺院裡，為什麼要跟世人交流？」

這是不了解佛教的表現。佛教分小乘和大乘。按小乘的觀點，出家人追求的是自我解脫，應在深山裡修行，行為上有許多約束，甚至連錢都不能摸。大乘與之不同，不但考慮自我解脫，更要將眾生從痛苦中救拔出來。只要對眾生有利，有些事不但可以做，而且必須做。

對我來講，作為大乘修行人，不能只求自己解脫；作為地球人類的七十億分之一，面對當前的人類問題，自己也有一份責任。我跟你們沒什麼不同，只是裝束、價值觀等略有差異。對於環保，多年來我一直關心，參加過環保論壇，跟國內外專家做過交流，獨自一人時，也經常思考當今環境的變化。

這個地球生病了

現在的地球出了什麼問題？

首先，水污染非常嚴重。以中國為例，七〇%的河流受到了污染，而且是嚴重污染。我在上海看到一種水質淨化器，經它處理過的自來水，三〇%是沉澱物。如果天天喝這種水，那麼多雜質要通過肝腎解毒，身體的負擔會有多重？

從太空看，地球是個藍色星球，四分之三的面積覆蓋著水。其中，能喝的淡水只占二．五三%，而且還在逐漸減少。比如青藏高原，被稱為「亞洲水塔」，長江、黃河、恆河全都發源於此。可是隨著氣候變暖，青藏高原的冰川已經明顯消退。長期來看，水資源的未來令人擔憂。

其次，森林面積也在迅速縮減。砍一棵樹只要幾分鐘，種一棵樹卻要花十幾年、上百年的時間。對森林的大規模砍伐，直接導致森林覆蓋率大幅下降，進而引發氣候反常。像雲南大旱，數百萬人受災，有人認為，這與全球最大造紙企業進駐雲南有關。

乾旱進一步會引發糧荒。在撒哈拉沙漠以南的非洲薩赫勒地區，一千萬至一千四百萬人陷入糧食危機，一百多萬五歲以下兒童嚴重營養不良。

此外，臭氧層空洞、土壤破壞、物種滅絕、過度開採礦藏……讓昔日的青山綠水、藍天白雲，變成了故事裡的神話。

或許是杞人憂天吧，我經常想：假如人類繼續不尊重大自然，在我們這一代，會不會出現更大的災害？

二十個地球夠用嗎？

之所以環境出現問題，原因有很多。究其根源，主要是由人類貪欲膨脹所致，尤其在衣食住行各方面，不知節約，損耗得可怕。

前不久我去某城市，正好趕上除夕之夜。按理來講，過年是為了闔家歡樂，可震耳欲聾的爆竹聲，卻讓人有不舒服的感覺。短短一夜放鞭炮，對空氣的污染特別厲害，大量煙花爆竹殘屑，也給清潔工人增加了很多壓力。

還有許多人，覺得在餐桌上浪費是件極有面子的事，一頓飯動輒幾千幾萬元，吃掉的卻不過幾百元。在穿衣服方面，他們也頗為講究，認為是身分的象徵。我見過一個有錢人，名牌衣服多得穿不完，很多只穿一兩個月就扔了。

在佛教中，對惜福極為重視。比如，佛經中說，僧眾不可以隨便扔掉舊衣服，不能穿了，可做成坐墊；坐墊用爛了，當抹布；抹布用壞了，再跟白灰混合在一起，用來塗牆。在一些老修行人中，至今還保留著這種傳統。喇榮五明佛學院有位老法師，一件衣服從一九八七年穿到現在；有位堪布，茶壺用了三十多年也不捨得換。

但現在的人以浪費為榮、節儉為恥。誰若生活節約，大家就看不起他，認為他太吝嗇、太小氣。甚至他自己也覺得很丟人。

一粥一飯，當思來之不易；一絲一縷，須念物力維艱。試想，假如人人追求奢侈的生活，那要消耗多少自然資源？

有專家指出：如果全世界的人都要達到美國人的生活水平，至少需要二十個地球。

你不是地球的主人

美國前副總統高爾在《瀕危的地球》一書中說過，世界文明和地球上的生態系統相衝突，主要是源於三點：人口爆炸、科學技術革命、自然觀的改變。人的自然觀出了問題，這是講到重點了。

過去，中國提倡天人合一，對大自然十分敬畏，隨處可見青山綠水。後來，在「人定勝天」的口號下，人們為了滿足增長的欲望，不加節制地掠奪資源，令環境遭到了嚴重破壞。

拿捕魚來說，早期的方式是用魚鉤垂釣，一次只能釣一條魚。如今卻是用長達幾十公里的拖網，將整片海域的魚一網打盡。

現在這個地球，平均每天有七十多個物種滅絕，每小時有三個物種被迫與我們「永別」，成為生態破壞的祭品。假如海裡游的、空中飛的、地上跑的，有一天都滅絕了，人類自己還能生存多久？

有人認為：人類是地球的主人，有權主宰這一切。

此觀點有欠考慮。據估算，地球的年齡有四十六億歲，而人類的出現，只是近幾百萬年的事。可見，人類並不是地球的主人，沒有資格對地球為所欲為。

低貪才能低碳

為了保護地球，現在許多人提倡低碳生活。但怎樣才能實現這一目標？

方法很簡單：低貪，才能低碳。

在我們藏地，人們吃得隨便，住著平房，幾年穿一件衣服，因為沒有太多欲望，臉上總是掛著笑容，歌聲時常迴蕩在山中。這種低貪的生活，就很低碳。

當然，要做到這一點，光是想想還不夠，最好能懂一些佛理，心甘情願地放下貪欲。這樣一講，有人可能立馬警惕：「他在搞傳銷，想拉我們都去學佛！」這種戒心是多餘的。佛教講的有沒有道理，你可以自己分析。如果有理，能給人帶來快樂，即使不學佛，也可以聽聽。

佛陀曾於二千五百多年前，以智慧揭示了萬法真相。比如，他在印度南方宣說了《時輪金剛》，按其曆算方法，不必依靠任何儀器，即可準確算出日食、月食的時間。此外，量子力學發現的一些道理，佛陀也早在「緣起性空」中闡明過。

這說明什麼？

佛教不像有些人想的那麼簡單。

其實，我們現在的各種問題，無論是外在的，還是內在的，都可以從佛教中找到答案。

就以環保而言，當今時代，佛教中提倡的心靈環保，比環境保護更重要。

為什麼？

造成一切環境問題的根本原因，不是「碳」，而是「貪」——別人穿香奈兒，你也想穿；別人買iPhone，你也想買；別人有寶馬，你也想要……但你想過沒有，這些要用掉地球上的多少資源。

印度的甘地說：「地球所提供的，足以滿足每個人的需要，但不足以填滿每個人的欲望。」

貪欲真的非常可怕。在它驅使下所做的一切，暫時看不出什麼危險，但如同煮在水中的青蛙，等意識到問題嚴重，就來不及了。

當然，克制貪欲，並不是讓所有人都剃光頭，去寺院出家。其實，人只要有中等的物質條件，就可以活得不錯。我們這一輩子，有幾件衣服蔽體足矣，吃穿住用不必奢華，差不多就行。在我們佛學院，一間小小的土房，修行人可以住上二十多年。

所以，每個人應該反省：有必要縱容自己的貪欲嗎？

幸福是什麼感覺

人們不停地追求各種享受，只是為了快樂。但方法若沒有認清，擁有再多，也不一定快樂。

在美國某海濱城市，有位事業成功的華人女企業家。一次，她的高中同學打電話來，說自己在美國辦事，想順道看望她。她非常開心，開著寶馬把同學接來。

同學到了她家，映入眼簾的是游泳池、網球場、花園、別墅、豪華跑車……走進室內，有幾十個房間，每間都掛著一些名貴字畫。

看到空蕩蕩的屋子，同學有點不解：「你的家人呢？」

她黯然神傷道：「丈夫前幾年有外遇，離開了我；孩子大了，有自己的理想，也搬出去了。我現在什麼都沒有，窮得只剩錢了……」

可見，幸福不是家財萬貫、錦衣玉食，它是知足平和的心態，是一種不需要太多物質的感覺。

一切快樂，源自內心。保護環境，也要從心入手。現在環境遭受的破壞，本質上都跟人的貪婪有關。若沒有控制內在的「低貪」，再怎麼提倡外在的「低碳」，也不過是隔靴搔癢。

只有抓住問題的根本，才能減少對環境的破壞，人們才會真正快樂起來。

請問師父

Q：我是林學院的。近幾年全球氣候異變，引發了各種次生災害。專家分析，這是幾百年來工業發展造成的。那抑制人類的欲望，能阻止環境惡化嗎？

A：想完全阻止，不可能馬上做到，但只要盡力，還是會有效果。

聯合國報告指出：全球暖化的主因，就是肉食。為滿足人類對肉食的貪婪而大力發展畜牧業，是造成氣候變化的元凶。倘若大家都吃素，能減少八〇%的全球暖化，從這個角度而言，吃素就不只是佛教的行為了。

Q：我是計算機與電子信息學院的。大學生的環保意識還可以，但企業家的不太強，環境污染多是他們造成的。怎樣才能提高企業家的環保意識？

A：「環保」是後來才出現的話題。記得我小時候，根本不需要環保，空氣和水非常乾淨，我連垃圾桶都沒見過。最近幾十年，隨著經濟的發展，出現了各種環境污染，人們才越來越重視環保。

若想提高企業家的環保意識，需要學術界的說明。當今社會有政、商、學三個主體，很多問題都是學術界首先發現的。商界和政界雖然有錢財和勢力，可他們忙著賺錢、做事，無暇考慮這些，因此，學術界要把關鍵問題揭示給商界和政界。

比如，大學可以開一些環保論壇，邀請企業家和官員參與，讓他們認識到環保的重要性。如果他們找到感覺了，操作起來就容易了。

Q：我是材料學院的。通過今天的學習，我增強了環保意識。不過，我的心比較浮躁，幾天後可能又像從前一樣破壞環境了。我該怎麼辦？

A：如果你真正意識到環保的重要，也許一輩子都不會忘。我個人就有這種經歷，有時候聽上師講一節課，內心有了極大轉變，從此便會牢牢記住。

如果沒有這麼強烈的意識，就需要反覆思考。否則，你當下的感觸，過兩三天就會煙消雲散，什麼印象都沒有了。

我給大家講這些，也只是提醒而已，關鍵要靠你自己下工夫。

Q：再過兩年，我就要畢業了。世間競爭如此激烈，人人都在追逐金錢，如果我保持善良的心，可能賺不到足夠的錢養家，這種情況該怎麼辦？

A：有良心，不一定賺不到錢。有些企業家很有利他心，對社會有強烈的責任感，他們賺的錢不比別人少。並不是非要通過不合理的途徑才能生存。

在謀生過程中，用損人利己的手段，即便賺到錢，也不會長久。以善良的心做事，內心坦然，福報也會與日俱增。退一步講，哪怕暫時賺不到錢，還是不能失去善心，從長遠看，這才是對自己最有利的。

07

心地無私天地寬

學佛，不是為了保佑自己，是為了捨棄自己——
不是讓佛保佑自己多發財，是保佑斷除對財物的執著；
不是讓佛保佑自己長命百歲，是保佑不要貪愛這個身體；
不是讓佛幫忙鑲除鬼魔，是加持自己對鬼魔不要起嗔心，
而以大悲心善待他們。

本章為索達吉堪布在蘭州商學院的演講　2012·07·03

提起佛教，許多人馬上想到影視劇中聽到最多的一句話：「人生皆苦。」那麼，我們人生的一切苦，到底源於什麼？

印度寂天論師給出了答案：「執我唯增苦。」

你可以觀察一下：當自己痛苦時，不管是身體上的，還是心理上的，也不管是感情上的，還是工作上的，它來自哪裡？

對「我」的執著。

《修心七要》也提到，自己遇到的一切痛苦，應該歸罪於我執，而不是外在的人、事、物。

這一點，以前我上學時不懂，只是模模糊糊覺得，痛苦應該跟心有關。直到出家後才明白：痛苦不但跟心有關，更與「我執」息息相關。

作為一個人，誰都不願意受苦，願意快樂，可命運很少會按著這種軌跡前進。當我們遇到坎坷不公時，與其怨天尤人，倒不如試著了解痛苦，找出它的根源，然後想辦法解決它。

都是「我」惹的禍

若想根除我執，首先要觀察一下：每個人執著的「我」，是不是真的？

對這個問題，柏拉圖在《理想國》中，講了一個很好的比喻：

有群人世世代代住在一個洞穴裡。從出生起，他們就如囚徒，被鐵鍊鎖在固定的地點，甚至還被鎖住脖子，不能回頭或四下張望，永遠只能面壁。

在他們背後，一群人每天舉著火把來回走動，身影投到牆壁上，成了大家唯一能看到的精彩世界。

他們每天看著影像，久而久之，認為這些是真的，從不知道外面還有一個光明世界，更沒人想要脫離這種困境。

一天，有個囚徒偶然掙脫了鎖鏈，沿著光走出洞穴，生平第一次見到光亮。他克服了最初刺眼的痛苦，看到陽光下的一切，才知道洞壁上所見都是假的。

他慶幸自己的解脫，並憐憫同胞，義無反顧地回到洞穴，解開同伴身上的束縛，向他們說出真相。沒想到，所有的人都不相信，大家嘲笑他，認為他瘋了，最終用亂棍打死了他。

這個故事說明什麼？

人們一向認為真實的東西，可能最不真實。

走出洞穴的人，明明見到了真實，為什麼不被大家相信？這正應驗了《紅樓夢》的一句話：「假作真時真亦假，無為有處有還無。」我們一旦把假當成真，真就成了假；一旦把沒有當成有，有就成了沒有。

眾生執著的「我」也是如此，看似存在，但只不過是洞壁上的影像。

既然「我」是假的，什麼才是真的？

無我。

或許有人問：「只是我一人執著有『我』，可以說我錯了。但世上所有人都執著有『我』，難道每個人都弄錯了？」

月稱論師在《中觀四百論釋》裡講過一個公案：

從前有個國王，婆羅門通過占星告訴他，幾天後要降一場毒雨，誰飲用就會發瘋。幾天後，果然下雨。全國百姓喝了，都瘋掉了，只有國王一人沒喝。可是因為與眾不同，大家認為他不正常，說他是瘋子。國王不得已，喝下毒雨，變成跟他們一樣了。

這種情況，有人聽後覺得荒唐。不幸的是，現在的我們就是如此。

心地無「我」天地寬

斷除「我執」，不但可以減少痛苦，還能接近萬法的真相——空性。對於空性，有些人不理解：「佛教天天講空，如果一切都空了，生活、事業是不是就別管了？」

並不是。所謂空性，是指我們身邊的一切，包括我們自己，本體是空，但顯現上仍存在。所以，該做什麼，還是要做。但在做的時候，因為懂得空性，私心少了，天地就寬了。

《呂氏春秋》中說：「天無私覆也，地無私載也，日月無私燭也，四時無私行也。」意思是，天無私，才能遍覆世界，如果它有私，只能遮蓋部分地域；地無私，才能承載萬物，如果它有私，只能負荷少數器物；日月無私，才能普照世間，如果它有私，只能偏照一方；春夏秋冬四季無私，才能正常運行，如果它有私，四季就錯亂了。

人應當效法天地，斷除執「我」的私心。

其實，不論小事大事，小到家庭內部的爭吵，大到國家之間的戰爭，都是為了「我」。古人發明的漢字，實際上很有趣。「我」字裡，就藏著一把傷人的兵器——「戈」。只要有了「我」，既會「戈」別人，又會「戈」自己。

我執大的人，心量特別小，一點委屈也忍受不了，動不動就大發脾氣。常言道：「君子量大，小人氣大。」一個人心量大還是脾氣大，問題就出在「我」上面。

假如對「我」執著強烈，眼裡不容半點沙子，哪怕給他全世界的一切，他仍有諸多不滿；假如對「我」不太在乎，什麼事都不計較，就算生活條件差，家裡只有一張床，他依然心懷感恩。

正如日本的夢窗禪師所說：「眼內有塵三界窄，心頭無事一床寬。」

放下「我」，不會失去，而會得到

既然「我」是假的，執著它唯有痛苦，那快樂的唯一途徑，就是放下「我」。而放下「我」的所有方法中，最好不過的，是利他。

利他心被強化了，自利心就淡化了；自利心越淡，利他心越明顯……如此，在增上利他與弱化自我的交戰中，痛苦會日漸減少。

這種境界起初可能難一點，但只要經常放下自己，多考慮別人，久了，你會感覺到：這是最快樂、最放鬆的心境。

一個人活著的意義，不是看你是否有錢，而是看你能否利益他人，乃至一切眾生。

怎麼樣利益？

沒有快樂的眾生，帶給他快樂；正在受苦的眾生，消除他的痛苦。

當然，作為凡夫俗子，誰都有對「我」的執著，完全利他不太現實。即便如此，我執也不要過大，否則，白天想自己，夢裡想自己，從來不為別人著想，你的生存空間不會寬廣；對別人而言，你的存在，不一定有價值。

什麼樣的人有價值？

利他的人。

利他讓人感動，而最讓人感動的，是大乘佛教的利他——沒有任何條件、利益一切眾生。

普通人利他，是我幫了你，就希望你回報，相互間像一種交易。大乘佛教不是如此，它的利他不談條件，只要眾生有苦難，就全力以赴地幫助，付出一切也願意。

對我們來講，這有些望塵莫及，但的確讓人景仰。

請問師父

Q：如今網上有大量色情內容，以裸為美；現代人穿著也很暴露，能露的都露。這讓我很迷惑，您對此怎麼看？

A：現在東方人以裸為美，應該是受到西方影響。

假如以佛教的不淨觀剖析，不管是女人的身體，還是男人的身體，再美也不值得貪求。只不過凡夫都有「貪」的習氣，商家就抓住人的這一弱點，以裸露身體來吸引眼球，營造商機。

但到了一定時候，人還是會回歸傳統的。為什麼？有些現象多了，弊病就日益明顯，人們也會重新思考一些問題。

Q：有些佛教徒熱心勸人學佛，但他們常講因果報應，勸導也帶有強迫性，這往往起到反效果。年輕人喜歡文藝性的、輕鬆的東西，他們勸人學佛時，一定要死板地灌輸嗎？

A：這種現象確實有，但並非人人都如此。

佛教的教義很豐富。像藏傳佛教中的「十明」（大五明：聲明、工巧明、醫方明、因明、內明；小五明：修辭學、辭藻學、韻律學、戲劇學、曆算學），很多就與當今藝術、學術相銜接，只要懂得運用，方式並不單一。

實際情況也是這樣。不論在東方、西方，大德們為了讓更多人了解佛法，根據他們不同的喜好，採取種種善巧方便。而且，這些也都被很好地接受了。

弘揚佛法的人，其實要具備一定的條件。在世間做事，有學歷、資歷就可以，對德行一般不觀察。而在佛教中，除了要精通佛法，更要具備戒律、修行等真實境界，不是嘴巴會說就夠了。

Q：我來自甘肅中醫學院，研究傳統醫學與傳統文化。我去過一些藏醫院，知道藏醫學是藏傳佛教的重要組成部分，可否請您簡單介紹一下藏醫學？

A：藏傳佛教中有「五明」，其中的醫方明，就是藏醫學。

藏醫學在國際上很受推崇，從配方到治療都有其獨到之處。我讀書時對它很感興趣，學過診脈、配藥，還親自上山採藥。藏地的藥材資源很豐富，有句俗話說：「山上所有草木，在高明的醫師眼裡無不是藥。」那時候我很想成為一名醫生，不過到佛學院出家後，就沒怎麼學了。

古代的藏醫學，有成熟的醫療技術。青海西寧有一所藏醫藥文化博物館，裡面就陳列著許多精製的醫療器械，有些已有上千年歷史。

如今，這些都在藏醫院裡得以繼承。藏醫院，在格魯派中比較多，寧瑪派等其他教派也有相仿的機構。我們佛學院，就培養了很多醫師，與一些衛校、高等醫學院建立了合作關係。

時下的有些疾病，吃西藥、中藥不見好的，看看藏醫、吃吃藏藥，說不定會有效。我生病時就喜歡吃藏藥，沒有副作用，效果也不錯。

若想研究藏醫學，《四部醫典》是一部重要典籍。如果能掌握其中的理念，不但可以調理自己的身體，給別人治病也很簡單。

Q：我是蘭大民族學院的藏學博士，感謝您的鼓勵，我才考上了博士。儒家的人性論中，孟子持「性善論」，荀子持「性惡論」，那麼，佛教如何看待人性？

A：儒家與佛教的思想，在某些層面上是相通的。比如，都認為有一種不可見的人性。有學者以比喻說：就像暗室中本來有東西，沒有燈時沒發現，燈一照，就看見了。人性也是如此。

孟子、荀子講人性，或善或惡。在佛教看來，究竟而言，人性超越了善與惡，因為諸法平等，遠離二元對立。

不過，在接引初機時，佛教也講人性本善。為什麼？人人都有佛性，都可以成佛，這在《如來藏經》和《寶性論》中說得很清楚。

如果人性本惡，再怎麼努力向善，終究會退失。但成千上萬的覺悟者，如釋迦牟尼佛、六祖大師，用自身的境界證明這是錯誤的。當心回歸到本位時，會顯露出至善的一面。

Q：我來自蘭州大學的科學學院。儒教說「三人行，必有我師」，佛教也認為人人是我師，怎樣才能達到這種境界？

A：有修行境界的人，看任何人的言行，都對自己有利。甚至有人罵他，他也不覺得受傷，反而把謾罵當作最好的指點，有錯就改。能做到這樣，人人都成了他的老師。

若沒有這種境界，不僅是批評，讚歎也聽得像嘲諷，如此，把誰當老師都難。即使是你的老師，你也不一定承認。像有些學生，下課就嘲諷老師，在他們眼裡，老師也不成為老師。

「三人行，必有我師」的境界不低，這有點像佛教裡的觀清淨心。阿底峽尊者說過：「三人之中，必有一個是菩薩。」菩薩的比例很高，可惜我們發現不了。誰是，誰不是？不知道。

有了清淨心，看誰都是菩薩。沒有清淨心，看誰也不如自己，如此只能帶來痛苦，不會快樂。

Q：我跟有些老師學過佛法，也看過他的書，但他們後來誹謗密法。對這些老師，我該怎麼看？

A：他們誹謗密法，只是因為不了解。

密法不是簡單的學問，藏傳佛教中有浩如煙海的續部及其注釋，如果去研究，十幾年下來都不一定懂；一旦你懂了，肯定瞠目結舌：「啊，以前我太愚癡了！」

不說一般的老師，就連弘一大師等大德，起初也不了解密法。不過，在他們看過密續及藏地大德的言教之後，都懺悔了。

我也理解這些老師。因為環境和朋友的影響，加之沒有深入修學過密法，隨隨便便就誹謗了。我倒希望他們能去藏地的佛學院，與那裡的佛教徒面對面辯論一場。你贏了，我們認輸；若連基本的因明推理都不懂，只是口頭上不承認，這有點說不過去。

Q：佛教最重視對上師三寶的信心，但初學者生起穩固不退的信心很難，您有沒有比較好的建議？

A：對上師三寶生信心，有兩個途徑：

一、靠前世的緣分。如果前世學過或修過善法，今生中產生信心不會太難。

二、多看諸佛菩薩和前輩大德的傳記，並認真學習佛理，尤其是空性法門。《中觀四百論》說：你若對佛陀宣講的法義心存疑慮，通過學習空性法門，可以生起真實的信心。

為什麼？空性法門是最深的學問，世間上再聰明的人，憑自己的力量也無法揭示，唯有佛陀才能洞察、宣說。

一旦你從理上說服自己了，自然會生起不退的信心。

Q：法王曾勸大家念一千遍《普賢行願品》，說這樣功德非常殊勝。現在法王已圓寂，是否還可以發願念？

A：可以。

Q：我是大二的學生，平時學業比較忙，怎樣才能抽出時間多念些經咒？

A：魯迅說：「時間就像海綿裡的水，只要願意擠，總還是有的。」在不影響學業的同時，你利用早晚空餘時間，還是可以學佛。

學佛，不單單是念些經咒，更要了解佛法講了什麼。現在漢地對佛經的研究不夠，《大藏經》被束之高閣，很少有人願意深入探索，這是比較遺憾的。

學佛，就要學釋迦牟尼佛的智慧。只要你去看，一定會受用無窮。

Q：婚外戀有什麼因果？

A：如今婚外戀的現象多之又多。其中的因果，看一看《增壹阿含經》、《善生經》、《十善業道經》，就知道了。

Q：如何破「我執」？有沒有行之有效的方法？

A：寂天論師在《入菩薩行論．智慧品》中，通過理論抉擇過無我。比如，逐一觀察身體的各個部分：頭髮、牙齒、肢體……都不見有「我」。「我」既然不存在，又哪來對「我」的執著？這樣就破了「我執」。

或者也可以參話頭。像禪宗讓大家參「我是誰」，藏密中觀察「我在何處」，依此，利根者會恍然大悟：「我」和「我」執著的一切，原本就沒有。

當然，若想生起這種境界，一定離不開長期修學。

Q：從古到今有許多宗教，不同的信仰之間如何相處？

A：不同的宗教之間，乃至宗教與非宗教之間，應當彼此尊重、理解，甚至相互學習。但凡一個宗教，能生存至今，足以說明它的生命力與魅力。如果跟其他宗教水火不容，自己的宗教也不一定有生存之地。

Q：怎樣看待夢境？

A：人生就是一場夢，看待人生就是看待夢境。

Q：我是甘肅聯合大學的老師。如果有條件，我想在學校開辦一個靈修中心，讓學生正確認識佛教，培養他們的慈悲心。這樣的靈修中心應該開設哪些課程，舉辦哪些活動？

A：這樣的中心，跟禪文化結合比較好。北大、復旦有禪學社，華中師大有心靈與認知研究中心，你們要開設的話，也可以從禪入手。

此外，藏傳佛教的菩提心修法也很實用。菩提心提倡利他，有了這種精神，人心會變得寧靜。為什麼？一個人的浮躁、煩惱和焦慮，都是源於執著「我」。若能生起利他心，我執弱了，痛苦就少了。

至於活動，可以舉辦講座，請一些對漢藏佛教比較精通的老師來講。若能培養學生的慈悲心，這對社會很有利。

最近，幾所大學的老師就在開會討論，希望提升學生的綜合素質，尤其是傳統的道德素養。

這才是對學生負責！

有了這樣的教育，學生找不到工作，也能找到人生目標。否則，單憑高分來解決人生的許多問題，可能有點難。

Q：我是西北師大化學專業的研究生。我對佛教感興趣，找來許多書看，但收穫不大。怎樣才能對佛教有完整的了解？請您推薦一些佛教書籍。

A：無論學什麼，都不能只是走馬觀花。若無法深入其中，不要說佛教，連一般的世間學問，也很難讓自己有收穫。

我每看一本佛教書籍，常會先提醒自己：「書裡肯定有我不懂的內容。」因此，看的時候很專注，哪怕只看一小段，也會反覆琢磨：「為什麼這樣說？」假如心很散亂，就品味不到其中妙處。

若要全面地認識佛教，我的建議是，想了解大乘佛教，學習《入菩薩行論》；想了解般若空性，學《中觀根本慧論》或《入中論》；想了解藏傳佛教的修行次第，學《菩提道次第廣論》或《大圓滿前行》。

如果長期鑽研這些教理，我相信，你的身心一定會有很大變化。

Q：念經迴向給受災的人，真能化解災難嗎？

A：認為不起什麼作用，這不對；認為絕對起作用，也不敢說。

就像病人吃藥，醫生無法斷言：「這藥一定有效，百分之百能治好你。」畢竟每個人的病情不同，能治到什麼程度，要視情況而定。但一般來說，吃藥總會有效。

同樣，為化解災難而念咒、做佛事，有些確實能起很大作用；有些卻因業力過重，即使念經迴向，也看不到明顯效果。

既然如此，還要不要念經？要的，就像病了仍要吃藥一樣。

08 幸福的根本是心

幸福的根本，不在於你擁有了多少東西，
在於你減輕了多少欲望。
蘇格拉底曾站在百貨市場裡開懷大笑：
「看哪，天底下有這麼多我不需要的東西，我真幸福！」

本章為索達吉堪布在上海交通大學的演講　2012・10・24

前不久，央視記者在各地採訪，向大家提出一個問題「你幸福嗎」，得到的回答可謂千奇百怪。趁著這陣風，也有記者問莫言：「你幸福嗎？」莫言乾脆回答「不知道」，隨後解釋：「幸福就是什麼都不想，一切都放下，身體健康，精神沒有任何壓力。我現在壓力很大，憂慮重重，能幸福嗎？但是我要說我不幸福，你就會說太裝了吧，剛得了諾貝爾獎還不幸福。」

在一般人看來，諾貝爾獎讓一個人有錢、有名、有地位，肯定非常幸福。然而，莫言卻說不知道。對此反思，自然就觸及了今天的主題——「幸福的根本是心」。換言之，幸福不在外境上。

當然，幸福也並非與外境完全無關，而是主要取決於心。

有財富就幸福嗎？

對沒錢的人來說，得到一定的財富，確實可以帶來幸福。然而，當基本生活得到滿足後，財富的增長不會帶來幸福的增上。

比如，從沒有房子到擁有一套房子，你會有強烈的幸福感；可如果繼續買第二套、第三套，甚至不滿足於在國內，還要去加拿大、美國購房……房子帶來的幸福感就越來越不明顯。

不少人常想：「如果我有一大筆錢，所有的問題就都解決了，絕對會幸福。」實際上沒有這麼簡單。伊莉莎白．泰勒曾說：「我這一生，擁有財富、名聲、成功、容貌，但從來沒擁有過幸福。」

有了財富，有時候非但不會幸福，還會招來痛苦。打個比方，原來住平房，現在搬進高樓，物業費就增加了；以前開桑塔納，現在換成寶馬，保養費也水漲船高……各種額外的負擔，會讓額外的煩惱隨之而來。

佛教認為，財富與痛苦形影不離：最初辛苦操勞，有積財之苦；中間擔心財富貶值，有守財之苦；最後財富被無常吞沒，有散財之苦。所以，有句話說得好：人世間八〇%的幸福與金錢無關，八〇%的痛苦與金錢息息相關。

奧地利有一位百萬富翁，因感到財富沒有帶來預期的快樂，反令自己痛苦不堪，於是把所有錢都捐給慈善機構。自己搬進一幢小木屋，過起了普通人的生活。

對我們而言，一分錢都沒有，生存下去確實困難；但錢太多了，也不一定就幸福。可惜的是，好多人不明白這一點，只是一心想賺更多的錢，結果，迷失了人生方向。

這種現象，其實與現代教育有很大關係。現代教育過於強調物質，很少提及心靈。事實上，不論是個人成功，還是社會發展，絕不只是物質增長。假如以心靈墮落為代價，實在得不償失。

有權位就幸福嗎？

權位，也同樣沒什麼可信賴的。把幸福寄託在這上面，相當不明智。

歷史上有過無數地位顯赫的人。當他們身居高位時，一呼百應，身邊的人絡繹不絕；一旦下臺，連親朋好友都會遠離。就像一棵大樹，枝繁葉茂時百鳥來集，枝葉凋零時全部飛走。

世態炎涼一再上演，又有幾人願意看破？

在明眼人看來，地位越高，壓力其實越大。順治皇帝在《出家偈》中曾感歎：「我本西方一衲子，緣何落在帝皇家？十八年來不自由，南征北戰幾時休。」

然而，對於虛幻的地位，世人總是特別執著，生怕一不小心被人搶走。

莊子有個幼時好友叫惠施，在梁國高居相位。一次，莊子去探望他。他以為莊子是來要官做的，擔心莊子智慧德行高過自己，會威脅到自己的地位。莊子知道了他的心思，嘲笑說，自己視官位如「腐鼠」，連看都不會看一眼，根本不可能產生興趣。

如今像惠施這樣迷戀權位的人，太多了。以佛法的智慧來看，想憑藉高位贏得幸福，完全是行不通的。為什麼？因為輪迴本性是痛苦，身陷其中的我們再折騰，得到的也仍是痛苦。

這個道理，古印度的聖天論師在《四百論》中講得很清楚：「勝者為意苦，劣者從身生，即由此二苦，日日壞世間。」

「勝者」就是有地位、名聲、錢財的人。他們的身體無須吃苦，內心卻苦不堪言，每天有各種擔憂。有人甚至為此輾轉難眠，不得不服藥以維持生活。

「劣者」是指生活在社會底層的人，沒有地位、名聲、錢財。他們的痛苦多是身體上的飢餓、疲累等，經常為維持生計而掙扎。

因權位而痛苦，就屬於「勝者」之苦。其實反思一下：權位再高，最多只是幾十年，有必要為此付出一生嗎？佛教說「得失從緣，心無增減」，所以，我們對權位應該看開點，沒必要因為一點得失，就讓心起起伏伏。

有愛情就幸福嗎？

還有人把幸福建立在愛情上，這更是錯的。自己的心應由自己主宰，把幸福寄託在他人身上，注定會大失所望。有時候，愛情不但不會讓你幸福，還是痛苦的源頭。有了貪執，就會患得患失，就有擔憂、害怕。誠如《涅槃經》所說：「因愛生憂，因愛生怖，若離於愛，何憂何怖？」

現在許多年輕人的痛苦，都是源於愛情。他們認為，來人間走一遭，最重要的大事，就是找個對的人轟轟烈烈愛一場。假如愛情以種種原因夭折了，他們甚至沒有活下去的勇氣，極端者會選擇自殺。

當然，人們對愛情的過分執著，與媒體引導也息息相關。時下無論電影、電視、文學，情節都離不開愛情，天天宣傳愛情至上。浸染在這種氛圍中，如何讓人不在情感的漩渦中越陷越深？

其實，愛情只是人生的一小部分，遠非全部，對此不必看得太重。否則，把幸福繫在所愛的人身上，對方稍有一點變化，自己的幸福指數就大幅下跌，這樣的生活太苦、太累、太不值得。

幸福在哪裡？

從小到大，我們了解的幸福，全部來自於外在，而這一切並不穩定，隨時可能發生變化。佛教所揭示的幸福，唯一建立在內心上，一旦認識了它，才知道何為不變的幸福。

遺憾的是，大多數人不知道這一點，由於沒有認清幸福的方向，追求的越多，痛苦就越大。據調查顯示，中國上班族的壓力高居全球第一，過勞死的人數也是世界第一。還有資料說，中國每十個人中，就有一個患精神障礙疾病。

為什麼會這樣？

說到底，就是因為人們的心沒有得以調伏。總是不滿足，看別人有什麼，自己馬上也想要。這並不是因為缺什麼，只是一味地想占有。每次到了大城市，觸目所及，熙熙攘攘的街道上，無數人在盲目地奔波，此時我就不禁心想：這樣的生活，真能帶來快樂嗎？

美國搖滾巨星「貓王」曾絕望地哭喊：「儘管什麼都嘗試過，可是我還得不到滿足。」

德國哲學家叔本華說：「財富就像海水，飲得越多，渴得越厲害。」

佛經中更是一針見血地指出：「多求不遂，發生熱惱。」

所以，痛苦的大小與貪欲成正比。若想遠離痛苦，就必須減少貪欲。

欲望越小，幸福感越大

前不久，有記者在微博上問我：「你幸福嗎？」我說：「幸福。」他追問：「為什麼？」我回答：「因為知足。」

若想獲得幸福，關鍵不是天天口說幸福，讓大家關注幸福，而是要懂得怎樣才能幸福。如同一個病人，光知道自己有病還不行，還應該到一個好醫生那裡去，找出病因，然後按時服藥。

知足，就是獲得幸福的藥方。有了它，哪怕人生過得平淡無奇，照樣可以品味幸福。

我看過一本書，《塔莎老奶奶的美好生活》。書中描述了塔莎奶奶住在鄉間的農莊，精心種植花草，慈愛地飼養小動物，自己紡線、織布、縫衣，過著樸素的田園生活，她的幸福令無數人羡慕不已。

我家鄉有一位修行人，他在深山裡蓋了間茅屋，每天以誦經、禪修度日，身邊只有點乾糧和幾套換洗的衣服。因無須擔心被盜，二十多年不用鎖門。有一次我去探訪他，剛到門口就陶醉了：頭頂是藍天白雲，四周的樹林鬱鬱蔥蔥，旁邊有小溪潺潺流淌，到處是鳥語花香，令人感覺置身世外桃源，一切煩惱了無蹤跡。

這種幸福，看似讓我們望塵莫及，可若懂得知足少欲，當下就能擁有。蓮池大師說過：「人生解知足，煩惱一時除。」佛經中也說：「少欲無為，身心自在。」

相反，如果你不滿足現狀，自己月薪二千元，看別人漲到三千元，就開始不平衡：「他掙的憑什麼比我多？不行，我要超過他！」攀比心一起，痛苦馬上就與你形影不離。

有信仰，就會離幸福近一點

想活得幸福，方法其實有很多。從宗教中尋求答案，說實話，是一條不錯的途徑。

國外報告表明，篤信宗教的人比無宗教信仰的人幸福指數更高。二〇一〇年一月至二〇一一年十二月，蓋洛普公司在全美國進行了六七．六萬次電話採訪，調查幸福與宗教信仰的關係，結果顯示，篤信宗教者幸福得分為六九．二，無宗教信仰者為六五．三。

當我們面對挫折時，信仰宗教者更易走出困境。一位佛教徒曾向我坦言：「因為種種不幸，我一度痛苦萬分，好幾次想去自殺。幸虧遇到佛法，才擺脫了那段陰影，否則，真不敢想像我還在不在人世。」

我無意為佛教做廣告，但就事實來講，佛教在增上幸福方面，確實表現得極為出色。以全民信奉藏傳佛教的不丹而言，它被公認為世界上最幸福的國家。二〇〇八年，有位美國記者通過環球考察，寫了一本《世界上最幸福的地方》，書中提到十個最幸福的國家，不丹就是其中之一。

不丹人的生活，我也有所接觸。一九九〇年，法王晉美彭措應不丹國王邀請，前往該國弘法，我隨行在那裡待了半個月。印象中，不丹並不太富裕，全國的車輛不多，飛機也不過幾架，可每個人都少欲知足，身上洋溢著快樂的氣息。

我還記得，在不丹，隨處可見意味深長的小詩。有一首詩是這樣寫的：

「當最後一棵樹被砍倒，當最後一條河被榨乾，當最後一尾魚被撈出，人類這才意識到：原來，錢不能吃。」

簡短的詩句，說出了不丹人對生活的態度，對破壞自然的反對，對人類行為的反思。

在藏傳佛教盛行的青藏高原，人們的幸福感也很高，如果有人去調查，會發現他們的幸福指數應該不低於不丹。在這塊最偏僻也最接近天空的土地上，不管老人、年輕人還是孩子，始終洋溢著燦爛的笑容，內心的滿足都掛在臉上。

相反，現在城市裡的很多人，物質上雖然極大豐富，心中卻有說不出的愁苦。對於他們，我建議從傳統文化中汲取調心之道。有空的話，試著出去走走，看看修行者的生活，感受另一種人生態度。人若不跳出狹隘的圈子，一直重複過去的思維、生活方式，到一定時候，就會感覺極度乏味，甚至徹底迷失。如果換個角度體驗，或許會有一些新的感悟。

調心的方法在佛教中數不勝數。譬如禪修，目前已得到了廣泛關注，美國有上萬人依此提高了生活質量，很多大學和企業都有禪修中心。你們有壓力、痛苦的話，不妨也試試，若能每天打坐幾分鐘，肯定有不一樣的感受。

作為現代人，不忙是不可能的，但光顧著忙，把自己搞得疲憊不堪，甚至累出一身病，就得不償失了。我非常推崇古人的生活：該吃飯就吃飯，該工作就工作，該休息就休息，生活簡單而有規律。

不像有些人，所有時間都被占滿，就算有點空閒，也全貢獻給了手機。走路、坐車、上班、聚會……隨時隨地在低頭看手機，忙些可有可無的東西。早上醒來，第一件事馬上去開手機；晚上睡前，最後一件事就是關手機。也許在臨終前，最放不下的還是手機。

生從何來，死向何去

人並非只有一世，相較於眼前的安逸，我們更應該追求永久的幸福。

很多人認為：人死如燈滅，死後什麼都沒有。這種想法是錯的。死亡只是此生的結束，卻是漫長來世的開始。然而，今天的大多數人，對此並不知曉，他們從未思考過生從何來，死向何去。

佛陀告訴過我們：在無盡的生死輪迴中，每一世的身體終會消失，但心識不會。只有懂得這個道理，我們才會為自己的未來打算。

否則，認為人生不過幾十年，那最後得到的，充其量只是幾十年的安樂。

請問師父

Q：一個人若能做到「無所住而生其心」，還需要重視因果嗎？

A：「無所住而生其心」出自《金剛經》，意思是，不住一切而住於心性光明中。六祖就是聽到這句話開悟的。

雖然萬法本性皆空，但世俗顯現是不滅的，就像做夢，夢境固然虛幻，可夢裡照樣有苦有樂。所以，我們還是要重視因果、斷惡行善。否則，壞事做多了，阿賴耶識就會積累惡的種子。這些種子也許今生成熟，也許來世成熟，遲早會讓自己感受痛苦的果報。

在現實中，有些人遇到治不了的病，或者改不了的命運，這都與宿世的業力有關。

Q：福報大的人擁有財富、地位，可往往不幸福，反倒是一些普通人感覺更幸福。如此說來，財富和地位豈非無用？

A：財富、地位只是暫時的福報，它是否有用，取決於自己如何運用。運用得當，福報大的人會比普通人更有機會接近幸福。

比如，假如我有財富和地位，用這些資源去幫助他人，就會為自己和他人帶來幸福。但若用來做不如法之事，注定會帶來不幸，那還不如沒有這種福報。

所以，有些福報是否有用，要從它的結果來分析。

Q：如何讓眾生相信輪迴？

A：如果不相信，最好能舉出可靠的理由。若只說「因為我不相信，所以不承認」，這種理由不充分。

假如死後真的什麼都沒有，不信也罷。但萬一有來世呢？

現在有不少關於前後世的書籍，多看看就會明白輪迴是怎麼回事。實際上，輪迴並非佛教一家之言，許多宗教都承認，甚至非宗教人士也承認——世界上能回憶前世的人中，相當一部分就沒有宗教信仰。

有些人可能會問：「如果前世存在，為什麼我記不起來？」

因為眾生入胎時有胎障，讓前世的記憶隱沒，只有個別人例外。且不說前世，我們小時候的經歷，現在也多已淡忘，但是，不能因為忘了就說它不存在。

否認前後世，必須要有依據。我關注這個問題已有二十多年，通過翻閱古今中外的資料，確信前後世必定存在，不存在的依據絕對找不到。這是生命的真相，並不是相信就有、不信就沒有。

Q：輪迴與心是什麼關係？

A：按照佛教的觀點，輪迴有六趣，其中天、人、阿修羅是三善趣，地獄、餓鬼、畜生是三惡趣。今生造惡，來世會墮入惡趣；今生行善，來世會轉生善趣；行持出世間善法，就可以超離輪迴。

輪迴的主體就是心。這顆心從無始以來，被業力所牽引，在六道中起起落落，轉生為不同形態的生命。因為前世的經歷不同，眾生今生的習氣也不相同。比如雙胞胎，先天的父精母血一樣，後天所受的教育也一樣，但由於宿世業緣不同，可能一個善良，一個邪惡，習氣、特長、能力有天壤之別。

如果再進一步分析，根據佛教第三轉法輪的教義，這顆心有光明的一分，它在成佛後會轉為佛的智慧，但在凡夫階段，這種光明被各種煩惱覆蓋。就好比金礦中的黃金，起初它與泥沙相雜，通過反覆提煉，才能成為無垢的純金。

對我們來說，通達心的奧祕十分重要。若能認識心的本來面目，對外在的一切就不會那麼執著，遇到問題容易想得開，很多事情該怎麼做，自己也會明白。

Q：您怎麼看《弟子規》、《三字經》等國學文化？

A：我是一個藏族人，從小接受的是藏地的佛學教育，對漢地的國學文化沒有學過。

但後來我看到這方面的典籍，很吃驚，覺得這些道理非常殊勝，年輕人一定要學。學了以後，社會的未來才有希望，否則，人心徹底變壞了，物質再發展也沒有意義。

像《弟子規》、《三字經》、《論語》、《道德經》等，不學的話，太可惜。十年「文革」是一場浩劫，它斷了傳統文化的根，現在一代代都是受害者。

那如何才能恢復傳統文化？一方面需要教育部門大力呼籲，同時，每個人也有責任學習並弘揚。只有這樣，有些現象才能得以扭轉，社會風氣也會從根本上改善。

當然，這個不是說說就行，必須有實際行動。哪怕你做不了什麼，也可以從弘揚《弟子規》入手。《弟子規》的內容比較簡單，假如你實在找不到「弟子」聽，也可以給自己的孩子講。

Q：當今是商業時代，影視、網路、藝術都鼓勵貪欲，在這種大環境下，佛教所起的作用會不會非常有限？

A：佛教不是禁欲主義。對大多數人來說，佛教並不是讓你完全斷除貪欲，而是告誡你不要貪得無厭。這種提醒相當重要，就像學開車，一旦自己剎不住車，旁邊有個教練可以幫你把控。

現在的媒體宣傳，確實有一些不良導向，對人們的價值觀有極大影響。此時此刻，大家更需要提醒的聲音，不然，就會陷在欲望的泥坑裡爬不出來。

所以，作為佛教徒，我只要有機會，就特別願意出來講課，哪怕人數極少也可以。為什麼？因為佛教的教義，當今社會非常需要，很多人心裡很空虛，欲望特別大，必須有人在一旁提醒：「你的欲望不能太過分，否則，很可能帶來痛苦。」

當然，佛教也不是讓你不要賺錢，統統辭親割愛，去山裡出家。包括釋迦牟尼佛，也沒有這樣強調過。佛陀只是告訴我們，在家人有在家人的行為，出家人有出家人的行為，但不管你是什麼身分，精神層面都需要一種很好的指引。

Q：我特別喜歡吃肉，但肉又會涉及殺生，我是不是應該改變一下飲食習慣？

A：從健康的角度講，吃素對身體是很好的。專家也發現，人類的生理結構，天生適合吃素。如果吃肉，不說別的，動物身上攜帶有許多病菌，很可能會傳染給人類。

哪怕你不能吃素，最好也不要點殺活物。不幸的是，在一些錯誤觀念的影響下，許多人認為動物本就該給人吃，卻沒有意識到動物跟人一樣害怕死亡，渴望生存。

其實，吃肉就是殺生，這輩子你大口吃肉，似乎很滿足，下輩子就不好說了。不懂因果的人，也許覺得這種說法很可笑。但在因果面前，可笑之事卻往往成為殘酷的現實。

Q：您怎麼看待愛情？

A：愛情不一定是幸福，把幸福寄託在愛情上，肯定是錯的。但它能給人們帶來一些快樂，這也不可否認。

佛法不離世間，對於世間感情，佛陀也會承認。可是它存在的方式和相關理念，我們有時候需要反思。

有些人，愛情一旦出問題，就想不開、放不下，把自己弄得特別苦惱。這種現象，實際上是一種執著。真正用智慧去觀察，你、你所愛的人、你們之間的愛情，本體都是空的。有了這種境界，對於如夢如幻的愛情，你可以擁有，但不會當真。

Q：很多人喜歡算命，現在流行測八字、改姓名、補五行，據說有助於改變運勢，您怎麼看這些現象？

A：算命、打卦、觀風水等，在佛教中也有。通過特定的方法觀察一些緣起，這有一定的合理性。

但現在世上各種算命方法，可以說真真假假，有原汁原味的，也有後人假造的，關鍵看你選擇的對不對。

當然，就算你選對了，也不能沉迷於此。因為命運雖有規律可循，但並非一成不變。

若把精力用於培養自己的智慧、慈悲、信心，即使不用算命，命運也會往好的方向發展。所以，我們更應該追求這些。

Q：南懷瑾先生剛剛仙逝，您如何看待他的弘法事業？

A：南老一生弘揚釋道儒等傳統文化，我發自內心地隨喜和尊重。我幾次有機會可以拜訪他，可惜因緣不湊巧，都錯過了。那天得知南老圓寂，我特意帶人為他念了經。

我看過南老的書，他確實是一位博通古今、學貫中西的大師。尤為難得的是，直至九十多歲高齡，他還在不懈地傳道授業。今天，這樣的大師非常罕見。

在復興傳統文化方面，南老可以說居功至偉。上世紀九〇年代，傳統文化在內地剛剛升溫，南老的《金剛經說什麼》等著作風靡全國，許多人依此重新認識了佛教。

現在南老雖已離開我們，可他的著作依然留存於世，所以大家也不必過於傷心。

當然，也有個別人對南老持不同看法，這很正常。自古以來，當一個人有名望時，旁邊總會有人議論紛紛，這不足為奇。

Q：如果想學修中觀，應該從何入手？您能否介紹一下學修次第？

A：可以從《中論》、《入中論》、《四百論》這三部論典入手。

學修中觀要經歷四步境界：首先萬法抉擇為空性，再將空性抉擇為雙運，之後雙運抉擇為離戲，最後離戲抉擇為等性。

若想達到這種境界，有兩種途徑：一是直接安住空性，就像《六祖壇經》所講的那樣；還有一種方法是通過反覆觀察，抉擇萬法皆空，然後安住於此。

Q：我有個朋友篤信佛教，但在現實中，苦難一個接一個，把他打擊得差點崩潰。後來他對佛法的信心沒那麼強，反倒沒什麼災難了。這是什麼原因？

A：你這位朋友的不順，並非是源於對佛法的信心。

現實生活中常有看似矛盾的現象：造惡時，一切都順利；行善時，則違緣重重。這並非因果錯亂。一般而言，人在精進行善時，將來的惡報會提前成熟，此時往往會出現不順；而從善法中退失後，生活雖重歸平靜，不過這不值得慶幸，因為惡業並未消失，依然在前面等著他。

因果非常複雜，只有系統學習佛法，才會明白這些道理。

Q：您的人生使命是什麼？

A：我原來認為自己的使命是看書，因為從小學、初中到師範，我最大的樂趣就是看書。但出家之後，我的想法變了，覺得只要有一點點能力，就應將多年看書和修行的點滴收穫分享給他人。

所謂「堪布」，有把知識傳給他人的意思。既然自己是堪布，就要將掌握的真理傳遞給眾生，哪怕只剩一口氣，哪怕只有一個眾生，也要盡心盡力。這應該就是我的使命。

其實，每個人都要有自己的使命。哪怕做不了太多，若能不害眾生，盡量饒益身邊的人，或者一天做一件好事，這也非常有意義。

當然，這要由自己選擇，只是我說，你不一定聽。

09

科學怎樣讓人更幸福

有些人認為，宗教不合乎科學道理。
我是一位研究科學的人，我深切知道，今天的科學，
只能證明某種物體存在，而不能證明某種物體不存在。

本章為索達吉堪布在西安交通大學的演講　2011・11・12

很高興跟大家交流，你們的校園環境有種特殊氛圍，讓人一進來感覺很舒服。今天就在這兒探討一下：科學怎樣讓人更幸福。

什麼是科學

首先，界定一下什麼叫「科學」。

科學的定義有多種，世界各國的百科全書中，也有許多不同的說法。不管如何定義，所謂科學，應該就是要客觀反映萬事萬物的真相。

科學分為自然科學、社會科學。現在又新興起一種心靈科學，也叫認知科學、心智科學，它探索的是甚深的心靈奧祕。

前兩種科學，人們已經研究得很好，在特定範圍內，發現了這個世界的許多規律，如萬有引力定律、相對論、量子力學等。而心靈科學，二十世紀末才開始起步，並沒有引起社會的廣泛關注。

在西方，二十多年來，越來越多的人對心靈科學產生濃厚興趣。其中有些學者發現，佛陀在《大藏經》中描述的內容，是最深刻的心靈科學，揭示了心靈世界的終極實相。

古代的汽車、飛機沒流傳下來

作為人類文化的一部分，科學究竟給人類帶來了什麼？

在物質上，它為我們提供了極大便利。古代沒有網路、手機、電腦，而現在，這一切時刻改變著我們的生活，從這個層面而言，科技的確可以造福人類。

同時，它也是一把雙刃劍，沒有控制好的話，有可能帶來不可思議的危害。二十世紀的兩次世界大戰，已經證明了這一點。當前儘管沒發生毀滅性的大災難，但科技產生的危害給人帶來的不安全感，仍然隨處可見。

古人早就明白這一點，所以對科技發展多持反對態度。

中國古代，也有過非常先進的發明。比如，春秋末年，魯班造出了汽車、飛機的雛形。《酉陽雜俎》記載：魯班製作的一只木鳶，高飛三日不落，他父親偷偷騎上之後，一飛竟飛到了蘇州。魯班的母親，騎上魯班造的木馬車後，《論衡》中說：「一驅不還，遂失其母。」

如此高明的技術，為什麼沒有留傳於後世？

這是因為，古人認為這些發明是奇技淫巧，鑽研多了，會玩物喪志。尤其儒家看重的是「道」，認為下等人才迷戀「器」，有「形而上者謂之道，形而下者謂之器」的說法。

而現代人恰恰相反，把目光都盯在科技上。利用各種科技，許多人看似活得很舒服，可是心裡的迷茫，只有自己最清楚。

受現代潮流影響，藏地有些牧民也嚮往漢地的生活，他們用掉所有積蓄，到漢地分期付款買房子，將此視為一生的榮耀。相反的是，漢地有許多人卻厭倦了紙醉金迷、車水馬龍的生活，羨慕藏地的清淨，渴望遠離一切塵囂。這種有趣的現象，就像錢鍾書在《圍城》裡說的一樣：城外的人拚命往裡擠，城裡的人拚命往外跑。

其實，不管是城裡人還是城外人，所做的一切，無非就是為了幸福。然而，這種幸福又在哪裡？

有了四「千萬」，才會賺到「四千萬」

如今現實中，不幸福的因素越來越多。

前不久有報導說：十月三十一日，全球人口突破七十億大關。人類的數量從十億到二十億，用了一百年；從二十億到三十億，用了三十年；而從五十億到七十億，只用了短短二十多年。地球只有這麼大，隨著人口的不斷膨脹，資源危機、生態危機和環境污染勢必會愈演愈烈，地球的負荷也會越來越重。

為此，有些國家實行計劃生育，試圖緩解這個矛盾。然而，這樣一來，年輕人身上的負擔肯定會加重，生活的壓力也會迫使他們一輩子追求錢，不再有什麼遠大抱負。我曾去過一些大學，看見很多學生都在琢磨畢業後怎樣掙錢，卻沒把心思放在學業上。年輕一代若都如此，未來的社會將變成怎樣？

當然，學生的心態，有時候也跟老師有關。北師大有一位教授，對自己的研究生說：「四十歲前賺不到四千萬，就不要來見我。」這件事被報導後，引起軒然大波。有人評論：你學生是搞房地產的，四千萬，是四個「千萬」——千萬要暴利，千萬要心黑，千萬要行賄，千萬要強拆。有了這四「千萬」，才有希望在四十歲之前賺到「四千萬」。

可想而知，這四「千萬」的背後是什麼？

唯利是圖。

為了賺錢，許多人已無所不用其極。拿地溝油來說，不知從何時起，成了一些人致富的捷徑。有資料說，中國每年約有三百萬噸地溝油流向餐桌，通過買賣地溝油，一年形成的利潤近二十億元。這種劣質油，對人類健康有極大危害。

佛陀曾說，若是歡歡喜喜地造業，未來必定悲悲戚戚地受報。誠如《正法念處經》所云：「如是罪業，作時喜笑，得殃報時，號哭而受。」

別當衣食無憂的窮人

或許有人問：「錢不能帶來幸福的話，那幸福到底是什麼？」

馬克思認為，幸福是「欲望得到滿足的心理狀態」，這跟佛教講得很相似。佛教告訴人們，如果內心知足，一貧如洗也非常快樂；假如貪得無厭，富可敵國也不會有幸福可言。《遺教經》云：「知足之人，雖臥地上，猶為安樂；不知足者，雖處天堂，亦不稱意。」

幸福其實是一種內在的滿足，跟外在物質的關係不大。

愛因斯坦曾說：「單靠知識和技巧，不能使人類步入幸福和高尚的生活。」蘇格拉底也主張：「善就是知，知就是德，德就是福。」意思是要想獲得幸福，方法是先求知，再行善修德。

求知，需要求關乎心靈智慧的知識。只有這種知識，才能帶來幸福。

實際上，漢地有非常優秀的傳統文化，完全可以讓人找到快樂。以佛教而言，如果懂得其中深義，對今生來世都有利。現在不少人對佛教感興趣，這是很好的事。不然，把幸福完全寄託在錢財上，只會讓自己越來越苦。

為什麼？

欲望是無有止境的，哪怕你一人占盡天下一切財富，也不一定心滿意足。佛經中說：

「世人求欲，不知厭足。假使一人得一切欲，無厭無足。」實際上，一個人擁有的再多，享用的也非常有限。常言道：「家有豪宅萬千，夜寐僅需七尺；縱有良田千頃，日食不過三升。」因此，我們應將生活的目標降低點，沒必要竭力追求自己用不上的東西。

生命寶貴，何不用來追求智慧和德行。如果沒有這兩者，縱然擁有再了不起的權力、名氣、財富、才華，也不會擁有快樂。金庸先生形容這種人，充其量只是「衣食無憂的窮人」。

讓幸福自己來敲門

想真正幸福，在佛教中，其實是有路可循的：

1. 明白凡事皆有因果

今生中衣食無憂，按照佛教觀點，這是源於前世的福報——假如前世造了善業，今生不需要太多努力，名利也會紛至沓來；若是前世沒有積善業，如同沙子不能榨出油一樣，今生再怎麼勤奮，也很難達成心願。

這一點，無論你信不信都會如此。

前世的行為對今生苦樂有直接作用，同理，我們下一世是什麼樣，也取決於今生造了什麼業。所以，命運不是別人支配的，一切取決於自己，自己是自己的怙主。

雖然現在相信「善有善報、惡有惡報」的人並不是特別多，但這不妨礙它成為真理。以人數多寡來判斷一件事是否正確，這本身就不能成為真實的根據。正如同，對科學高等理論一竅不通的人不在少數，而他們不知道、不認可，根本無法否認科學的合理性。

2. 以禪修調整身心

國外很多研究機構發現，將禪修運用於日常生活中，可以讓心離幸福更近。

一九六七年，哈佛大學的赫伯·班森博士做過一項冥想實驗，研究結果證明：禪修可緩解人體的壓力。到了一九九七年，美國六〇%的醫學院都在傳授這種「放鬆療法」，許多大醫院也提供此療法，而且效果非常好。

美國某醫療中心，曾讓實驗者每天禪修二十七分鐘。一個星期後，儀器檢測發現，實驗者的快樂指數遠遠超過禪修之前。

還有個研究中心，用儀器測試一些藏地的仁波切，實驗顯示：仁波切們在禪修後，幸福感增強了七〇〇%，以致科學家們差點以為機器壞了。他們同樣又將一群對禪修完全沒有概念的大學生，分成兩組進行測試，結果是禪修與不禪修也有明顯區別。

目前，禪修已成為美國主流社會的風尚，多達一千萬美國成年人經常打坐。他們覺得這種習慣很酷，並從中得到了真實受益。

這樣的心理療法，在西歐、新加坡等地也得到了廣泛關注。

現如今，已有越來越多的人意識到，錢財換不回內心的自在。所以，他們寧願每天禪修五分鐘以上，從佛教中尋找心靈的寧靜、快樂。

3. 思維佛教法義

如果學佛、禪修只停留在表面形式上，內心沒有多大改變，這是遠遠不夠的。

當然，並不是說形式不重要。有些人比較極端，認為佛教中的念佛、參禪、皈依、出家都沒有必要，完全是一種形式，這種想法不對。在某些情況下，特定的形式還是需要。如果說所有形式都多此一舉，世間男女只要心中有愛就可以，又何必大費周章地登記、結婚？

不過，只是停留在形式的層面上，也不行。作為佛教徒，還應該有一些內證功德；即使沒有，也要對佛理有所了解。這樣，煩惱和痛苦才會日益減少，就如無門禪師所形容的：

「春有百花秋有月，夏有涼風冬有雪，若無閒事掛心頭，便是人間好時節。」

這種快樂，是一種真實的快樂，是開豪車、穿名牌享受不到的。為什麼許多修行人住在荒無人煙的山中，卻依然自得其樂？就是因為他們通過長期修行，心得到了自在，明白萬法如夢，不像世人一樣處處執為實有。

看看每天的新聞，我們就知道世人活得特別苦。這些苦源於什麼？就是執著。如果了解萬法是無常、空性的，對很多事看明白了，不管是什麼人，沒錢也好、有錢也罷，心都會非常自在。

像著名慈善家李嘉誠，雖然家財萬貫，卻沒有被金錢束縛，他的生活非常簡樸，對衣服和鞋子的牌子並不講究，一套西裝穿十年八年是平常事。

他母親是位佛教徒，從小教他善惡必有報，要多行善舉。後來李嘉誠教導子女時，也常用佛學啟發他們做人的智慧，三分之二教如何做人，三分之一教如何做生意。

他本人曾說：「是我的錢，一塊錢掉在地上，我都會去撿；不是我的，一千萬塊錢送到家門口，我也不會要。我賺的每一毛錢都可以公開。」

相比之下，有些人為賺錢而不擇手段。如此，錢越多，自己越不快樂。

我們這個人生，說長也長，說短也短。但不管是長是短，到我們死的那一天，回顧這一輩子，最好不要有太多對不起良心的事。

從心靈科學中找答案

人生幾十年，若能認識到生命的真相，真的非常有意義。

你們西安的兵馬俑舉世聞名，被稱為「世界第八大奇蹟」。在我看來，這不算最稀有的。最稀有的是什麼？是二千五百多年前的佛陀智慧。它揭示了宇宙世界、人類本源、心靈世界的祕密，一直被保存在《大藏經》中。但遺憾的是，兵馬俑這樣的名勝古蹟，每天參觀者絡繹不絕，而對一切生命真正有利的智慧，常常被束之高閣，願意去研究的少之又少。

聽說你們這裡有不少人，對佛教比較感興趣，有些人還在修學「心中心法」。這個法門，我認為非常好。之所以這樣說，一是我讀過元音老人的書，裡面講得相當不錯；二是他的傳承弟子中，很多人對三寶有信心，對上師懂得感恩，對眾生也有大悲心，這是學修正法的驗相。

現在有些大德，如本煥老和尚、噶瑪巴，對「心中心法」也有正面的認可。判斷一個法門是否可以接受，關鍵看它能否給我們帶來真實利益。若是可以，不管哪一個法門，都值得去學習、修持。

如今，人們在物質上不斷地往前趕，可是在精神上，需要不斷地往後退，退回到古人的智慧上。湯恩比說：「拯救二十一世紀人類社會的，只有孔孟之道和大乘佛法。」我特別希望更多的人，今後不能只研究自然科學、社會科學，更重要的是，還應該從心靈科學中尋找幸福。

請問師父

Q：有一道哲學考題是，請反駁你現在並非在夢中。大家討論時很難找到答案，請給我們一些指示。

A：找不到答案就對了。我們確實在夢中，正如《金剛經》所說：「一切有為法，如夢幻泡影。」

藏地大德米滂仁波切寫過《醒與夢之辯論》，裡面通過擬人的方法，把醒、夢各安立為一個人，然後互相辯論誰是真、誰是假。對一般人來說，醒者應該會贏，但結果沒有。

我剛到佛學院不久，上師如意寶傳過這部法。當時，我感覺人生真的跟夢沒什麼差別，因為找不到任何理由可以推翻其中觀點。比如，我認為自己不是在做夢，理由是醒時有些東西看得到、摸得著，可是在夢中，也會有這種情況；我覺得醒後的時間長，做夢的時間短，所以夢不真實，但在做夢時，有些經歷也非常長，像南柯一夢、黃粱美夢就是如此。所以，從各方面觀察，醒時的一切並不真實。

當然，若想進一步證實這種觀點，需要深入解讀佛經，尤其要看《華嚴經》、《三摩地王經》。

Q：我從小就覺得佛法對人類有很大幫助，希望盡自己一點力量，影響周圍的人。我該如何去做？

A：首先，自己不要故意傷害任何一個眾生，小至螞蟻。然後在此基礎上，力所能及地利益周圍的人，幫助社會。

當然，每個人的因緣不同，利他的能力也有差別。但只要你有一顆想饒益別人的心，將來它一定會發光。

Q：我對佛教了解不多，但對一些簡單道理，如善有善報、惡有惡報，還是很相信。我想過樸素的生活，但在這個城市裡，經常有地溝油、毒奶粉、豆腐渣工程……造惡業的現象實在太多，我是不是只能逃離這個城市？

A：你說的還是很實在。現在佛教徒與知識分子之間，需要一些溝通。其中，對於「善有善報、惡有惡報」，有些知識分子是比較相信。但他們相信的，也僅限於今生，好多人今生做了善事，就希望很快成熟善果，至於來世，一般人從不考慮。

要知道，輪迴是個漫長的過程，有些善事你今生做了，果報也許在今生成熟，也許在很多世之後才成熟。但不管什麼時候成熟，因果報應都絲毫不爽，所以一定要斷惡行善。

如今這個社會，造惡業的環境太多，對此，我們不能一味地逃避，而應負起相應的責任，從自己做起。

當然，在工作中，有些事情的陰暗面不容易發現，你可能無意中做了一些錯事。但如果並非故意，佛經中說，這不會有太大罪過，就像不小心踩死了小蟲一樣。

Q：我是西安交通大學的老師，也是陝西省道德文化研究會的工作人員。佛法非常好，但藏傳佛教、南傳佛教、漢傳佛教的《大藏經》那麼多，作為普通人，應該怎麼樣學習，才能使佛法入於心中？

A：佛經確實浩如煙海，在短短一生中，要想學盡恐怕很難。所幸許多前輩大德把《大藏經》的內容，以簡短的竅訣歸攝為一些論典，若能學習這些，極容易通達佛法精髓。

那麼，哪些論典便於我們學習呢？以我個人的體會，最好先學《入菩薩行論》和《大圓滿前行》。

《大圓滿前行》裡面，從最初觀修「人身難得」，到最後往生淨土，全部的修行次第講得非常透徹。雖然它只有一本書，卻涵攝了顯宗、密宗一切教典的精要。這幾年我詳細地講過一遍，整理成文字，也有八本書了。若能好好學一下，佛法的框架基本就理順了——怎樣皈依？怎樣發菩提心？怎樣行持十善、取捨因果？……諸如此類的關鍵問題，你會完全明白。

系統學習一些佛典，真的非常有必要。否則，佛教會淪為一種表面形象。當然，有些形象也需要，但若不懂它背後的教義，就喪失了佛教的根本。

Q：現在社會道德淪喪，我作為陝西省道德文化研究會的工作人員，很想盡力提升自己的道德水準，並為提升社會的道德水準做點工作。請問，怎麼做才是最好的？

A：你們研究會的宗旨，包括一些運作方式，我不是很了解，所以無法提出有針對性的建議。總體來講，做任何一件有意義的事，短時間都不一定有立竿見影的效果，但若能持之以恆、堅持不懈，並輔以一些現代的管理模式，星星之火是可以燎原的。

在此過程中，我們不要遇到一點挫折就放棄。很多人在推廣道德文化時，遭受幾次白眼和質疑，就開始動搖了，這是不行的。要想真正拯救這個社會，除了有一種興趣，更要有一顆勇敢、勇猛的心。只有這樣，才能結出豐碩的果實。

Q：您小時候是個經常打架的孩子，而現在，語言、儀態中卻充滿了夢幻般的溫柔。這種變化最重要的影響因素是什麼？

A：我小時候是很愛打架。記得在中學，最高紀錄是一天打過五次架，自己也掛了彩，老師還差點把我開除。

讀小學時，我也經常打架，現在回到母校，想不起自己學了什麼知識，只記得在這裡打過架、在那裡打過架。有時候在學校打不方便，我就約別人「等會兒吃完飯，到某某地方去」，然後開始打……周圍的山上、河邊，都留下了我打架的身影。我的小學，就是這樣度過的。

但自從學了佛法，尤其是以《入菩薩行論》為主的大乘佛法，我的變化特別特別大。我相信，這是佛法的殊勝加持。

不僅是我，我們佛學院也有不少這樣的人。原來有個和尚，跟另一個人發生衝突時，我聽到他恨恨地說：「不跟你一般見識。要不是學了大乘佛法，按我以前的脾氣，肯定揍你！」所以，一個人的惡劣性格，通過修學大乘佛法，會有翻天覆地的改變。

當然，學佛也要靠緣分，有些人特別契機，有些人則不一定。佛陀時代也是如此。沒有緣分的人，就如《現觀莊嚴論》所說，天上雖然下雨，燒焦的種子卻不能發芽，同樣，諸佛雖然降臨於世，但無緣之人很難獲利。

所以，學佛能否改變自己，跟各人的緣分和善根有密切關係。

人生是一場戲，死亡不是生命的斷滅，
只是這場戲演完後，進入下一場戲的換場過程。

幸福是短暫、有限的美麗。
若知道這一點，你幸福了一陣子，
一旦它消失也很正常。
否則，把所有希望都寄託在肥皂泡上，
結果可想而知。

不要在一帆風順的時候，裝成修行人；
不要在遇到挫折的時候，變回普通人。

用智慧來觀察，現在的一切苦樂，都是虛幻。
但我們往往把它當真，為它哭、為它笑，不願意從幻境中醒來。

ཆོས་རྗེ་དམ་པ་ཡིད་བཞིན་ནོར་བུ་མཁྱེན་ནོ།།

人如果沒有自信，也不信任他人，
這種生活是一種孤獨。

沒有慈悲，縱然微笑也是惡；
懷有慈悲，即使怒目也是善。

縱然你無法得到渴望的一切，滿足現在所擁有的，
也是第一富翁。

10 怎樣面對痛苦

醫生給你治病，
你把藥方背下來卻不吃藥，病也好不了。
有些人為你指明人生道路，
你記住了卻不去做，痛苦也難以消除。

本章為索達吉堪布在香港理工大學的演講 2011·07·29

進了校門，看到這裡的建築，我覺得非常親切。這種風格跟我們寺院相似，聽說它拷貝自英國劍橋、牛津的建築模式，帶有工業革命時代的氣息，給人以開放包容的感覺。

佛教講「諸法因緣生，諸法因緣滅」，世人也說「有緣千里來相會」，我們在這裡聚會，並不是無因無緣的，這種因緣來自於大家對佛教的敬仰，所以才產生了今天的交流——「怎樣面對痛苦」。

痛苦，是每個人都不陌生的字眼。

我本人雖然也沒有出離痛苦，誇誇其談不一定合適，但因為從小對佛法就有興趣，多年來依止善知識，在學習、修行上下過一番功夫，所以，從某個層面講，可以簡單匯報一下自己的心得。

有錢也苦，沒錢也苦

三界六道中，痛苦可謂數不勝數。僅從人類而言，就有三大根本苦、八大支分苦。

印度聖天論師還將人類的痛苦歸攝為兩種：身苦與意苦。大人物的痛苦，是意苦，如工作上的壓力、競爭、焦慮；小人物的痛苦，是身苦，比如缺衣少食、高強度勞動。所以，有錢也苦，沒錢也苦。

不少人以為有錢就快樂，但有了錢才發現，快樂沒有如期而至，痛苦反而層出不窮。

對此，美國蓋洛普民意調查所用數據作了證明：按滿分一百計算，中國消費者在一九九四年的幸福指數是六十九分；一九九七年最高，達到七十一分；十年後的二〇〇四年，降至六十七分。

這說明什麼？隨著經濟發展，人們剛開始覺得越來越幸福，但過不了多久，幸福指數日漸下挫，最後還不如沒錢時幸福。

有統計說，在全世界，每年自殺和自殺未遂的人數都十分驚人，相當於每分鐘都有人自殺身亡。

可見，許多人雖然穿得漂漂亮亮，看起來開開心心，但他們一直被痛苦逼迫著。

「誰說人生皆苦？我就挺快樂」

人生在世，苦多樂少。你若不信，可以看一下《中觀四百論》前八品，裡面專門講了人世間的痛苦。看完之後就明白，人生的苦無處不在，正如《法華經》中云：「三界無安，猶如火宅。」

有人可能不認同：「誰說人生皆苦？我就挺快樂。」有個酗酒成性的人跟我說：「佛教講輪迴痛苦。其實不苦，我喝了酒特舒服。」但醉後的舒服，是失常、顛倒的意識，根本不能算是快樂。

美國史學教授達林，寫過一本書《幸福的歷史》。他花了六年時間翻閱史料，研究人類的幸福到底是什麼，什麼能給我們帶來幸福……最終，他的結論是：「極致幸福可能只存在於我們的想像中。」換句話說，真正的幸福是得不到的。這種觀點，與佛教講的「三界無安」不謀而合。

所以，人生本來充滿痛苦，這點務必要認清。否則，遇到一點挫折，就抱怨老天不公平，「怎麼這麼倒楣，不幸全落到了我的頭上」，卻不知輪迴的本性即是如此。

有人覺得：「輪迴中並非全是苦，還是有一些快樂。」話雖不錯，但這些快樂是無常的，隨時可能變成痛苦，它只是偶爾的點綴，卻不是人生的底色。

還有人認為，快樂存在於感官上，身體的觸碰、美妙的音樂等都能帶來樂受。但這種快樂比較膚淺，通過藥物亦可獲得。

真正的快樂，來自於內心。若想除苦，必須從心下手。

世人面對痛苦的方法

現在有些人在痛苦時，拚命地抽煙、喝酒。我認識一個佛教徒，他說煙酒戒不了，每當他很煩的時候，就會躲到咖啡廳吞雲吐霧，再不就去舞廳藉酒消愁。他說一醉可以解千愁。但真能如此嗎？這只會讓自己越來越愁，清醒過來，事情仍要面對，想躲也躲不掉。

有些人心情不好了不是花天酒地，就是去ＫＴＶ狂吼，或者通宵達旦地打麻將，這都是一種逃避。

有些人把痛苦列在紙上，點火燒掉，看著字跡灰飛煙滅，想像痛苦隨之消失，這有點自欺欺人。

還有些人跑到山谷裡大叫，或者用頭撞牆，把鍋碗瓢盆砸爛，這樣發洩才覺得輕鬆。更有甚者，還以殺人取樂。美國有一個十七歲的孩子把父母殺害後，在屍體仍在房內的情況下，通過臉書邀請幾十名年輕人來家中，通宵喝酒進行狂歡。

有些人失戀後，要麼把自己殺了，要麼把戀人殺了。找不到戀人，就找相似的人代替。據媒體報導，某地有個大學生，專殺一些穿紅衣服、長髮披肩的女學生，以報復前女友對他的無情。

稍微好一點的人，選擇遊山玩水，或找有智慧的人聊聊天，再不做一下心理諮詢，看看「心靈雞湯」等勵志書。

這些方法，就像吃止痛片一樣，可以暫時壓制痛苦，讓它不再折磨自己。但畢竟治標不治本，要想從根本上解決問題，應該從佛教的智慧中尋找答案。

生命的另一種選擇

下面，我將佛教的方法與你分享。這些很容易消除痛苦，即使有些習氣根深柢固，無法一下子斷除，只要持之以恆地練習，痛苦也會漸漸離你而去。

1. 利益眾生，斷除自利

我們的痛不欲生，多數是為了自己，為眾生的寥寥無幾。若想斷除痛苦，就要斬斷它的來源——自私自利的心；要想做到這一點，需要學習佛教經論，以大乘的無我觀改變心態。

有些人平時有各種苦惱，但學了大乘佛法後，做一些有利於眾生的事，痛苦不知不覺就消失了。所以，第一個除苦的方法，就是利益眾生。

假如你有大乘的慈悲心、菩提心，那再好不過；即使沒有，也應該有仁愛的傳統美德，它是挽救人類的妙藥之一。

一九八八年，據說七十五位諾貝爾獎獲得者在法國召開會議，探討二十一世紀人類面臨的問題。他們共同發表了一個宣言：「人類要在二十一世紀生存下去，必須回到二千五百年前汲取孔子的智慧。」

外國對中國文化抱有希望，遺憾的是，在中國，孔孟思想遭到了極大破壞。我小的時候，一九七四年，全國開展「批林批孔」運動，對孔子的思想進行批鬥。儘管這個運動不到半年就結束了，但後患相當嚴重。從那時開始，中國的傳統文化一蹶不振，有識之士即使想力挽狂瀾，它也像個奄奄一息的病人，完全恢復非常困難。

前幾年，傳統文化基本處於被冷落的境地。「孝順父母」、「尊敬師長」等美德，往往看不見了。老一代的教師，雖然還保留一些長輩傳統，然而因認識不到其中價值，不會著重去教育下一代。這樣，中間一代的教師受的這種教育就非常少，想教學生也無能為力。如此，再下去之後，中國人的文化素養慢慢會變成什麼樣？

所以，我們的教育需要完善，不能只追求分數就夠了。如今大學的錄取標準，往往只看分數高低。其實，一個人考了多少分不重要，人格才是決定一切的關鍵。有些人就算再聰明，人品特別差的話，對社會也不會有利，反而貽害無窮。

教育最重要的一點，是教學生怎麼做人。在古代，一個人能否得以重用，不但要看學問，更要觀察德行。假如人格高尚、眾望所歸，即使學問不高，也會被委以重任；反之，若沒有慈悲善良的心，縱然才高八斗，也不可能造福天下蒼生。

聯合國總部的大廈裡，掛著孔子的一句名言：「己所不欲，勿施於人。」可惜，這句話知道的多，做到的少。當人的生命受到威脅時，往往貪生怕死，很多人卻沒有想到，自己經常吃的動物，又何嘗不是如此？

斷除自利、利益眾生，並不是口頭上說說，能否真正做到，需要多方面觀察。假如你做到了，必定會斷除痛苦。

2. 把違緣轉成順緣

遇到逆境時，佛教中還有種方法：將它轉為道用。也就是，不把痛苦當痛苦，而將其利用起來。

無著菩薩曾說，無論發生什麼，都應該讓自己快樂——沒病是快樂，用健康的身體多做善事；有病也是快樂，以此消除往昔的業障。有錢是快樂，用它來上供下施，積累善德；沒錢也是快樂，可以斷除對財物的耽著。

這方面，我有個中學同學就做得不錯。他是一個領導，有次在競選某職位時，一直無動於衷，好像跟自己沒有關係。旁人見了都急，勸他趕緊做做工作。他笑了笑說：「萬一沒選上也很好，正好有空修修佛法；選上也很好，有更多機會利益眾生。不管結果如何，我都快樂。」

遺憾的是，很多人不懂這個道理，總是患得患失，抱怨這個不夠、那個不行，結果順緣都成了違緣。若能換個角度看問題，縱然是違緣，也可化為順緣。貝多芬說過：「最傑出的人，總能用痛苦來換取歡樂。」

3. 修自他交換

當你臥病在床，或名聲受損，或窮困潦倒時，可以發願：「世上也有許多跟我一樣的受苦者，願他們的苦難成熟於我身，由我代受，他們都離苦得樂。」然後，向外呼氣時，觀想自己的一切安樂變成白氣，施給眾生；向內吸氣時，觀想他們的一切痛苦變成黑氣，融入自己。

這是除苦的最佳方法。

我們在遭受磨難時，若能這樣觀修，所受的痛苦就有了價值，對自我的愛執也會日益減少。

4. 認識痛苦是空性

痛苦是從分別念而來，分別念依靠證悟空性能斷除。聖天論師在《四百論》中說：

「虛妄分別縛，證空見能除。」

為什麼？

感受痛苦的「我」與所受的痛苦之間，是種互相觀待的關係——離開了一者，另一者必然不存在。《中論》也說：「離法何有人？離人何有法？」有些人經常叫苦連天，但痛苦的「我」在哪裡？通過中觀正理一觀察，就知道「我」根本不存在，如此，「我」的痛苦只是虛妄分別而已。

沒有證悟空性，就會看不破、放不下，將虛妄執為實有。若像大成就者那樣，依靠空性斷除了我執，一切痛苦都將煙消雲散，開悟會帶來不可言說的快樂。

當然，我們不一定有那樣的境界，但至少也應對「萬法皆空」稍有了解。認識這一點，最好從《中觀根本慧論》入手。此論開篇第一句是：「不生亦不滅，不常亦不斷，不一亦不異，不來亦不去。」短短幾個字，將萬法真相揭示得淋漓盡致。不管是內在的痛苦，還是外在的諸法，其本性確實不生、不滅、不常、不斷、不一、不異、不來、不去。

如果想深入佛教，必須一步一步、踏踏實實地修學。有些人皈依佛門十幾年，只是隨便看了幾本書，對佛教的道理一知半解，這不一定是真正的佛教徒。

如今，佛教徒有兩個誤區：

一是有些知識分子研究佛教，不像藏地修行人那樣在講辯著、聞思修上花很多時間，以為得個佛教碩士、博士的頭銜就可以了。他們對佛教的認識相當膚淺，寫的很多論文也沒有實義，傲慢卻與日俱增。

二是有些信眾比較迷信，到處求灌頂、求加持，以為解脫有捷徑可尋。世間義務教育尚且需要九年時間，讀完後只是初中畢業，佛教如此甚深，又怎麼可能短期通達？假如沒有系統學習，光是辦個皈依證、求個灌頂，就自稱為佛教徒，這只是徒有虛名罷了。

我跟一位教授交流時，彼此有種共識：對於佛教，只是研究理論不夠，還要有實際修持；只是盲修瞎練不行，還要有理論依據。這兩者，都值得下一番功夫。

曾有個大學老師問我：「給大學生講佛教故事，他們不相信，怎麼辦？」

我說：「不用講故事。他們聽慣了神話、看慣了動畫，很容易把佛教故事當成這些。一定要從中觀和因明下手，先把他們的傲慢摧毀了，再講這些故事，他們才能體會到佛教的偉大。」

二〇〇九年七月，國際聯合宗教會在日內瓦召開會議，世界五大宗教為主的各大宗教、二百位宗教領袖，通過投票表決，佛教獲得「世界上最好的宗教」榮譽。在此過程中，很多宗教領袖沒有選自己的宗教，把唯一的一票投給了佛教。為什麼？歷史上，沒有一場戰爭是以佛教名義發動的，它的慈悲無偏利益一切眾生，它的智慧對萬法研究得極為透徹。

我在復旦演講時，引用過中國科技大學前校長的一句話：「當科學家千辛萬苦爬到山頂時，佛學大師已在此等候多時了。」不管是哪個領域的學問，在佛教中都詮釋得極為圓滿。當然，有些人不了解的話，這是他的問題，不是佛教的過失。

5. 學會安忍

安忍，就是世人說的堅強。有了它，面對痛苦不會輕易低頭。

美國著名盲聾女作家海倫．凱勒，用堅強的一生，創造了不可思議的奇蹟。

居禮夫人也說：「我的最高原則是不論對任何困難，都決不屈服。」當年她求學時極為貧窮，經歷了難以忍受的苦行——因為營養不良，她一次次暈了過去；天冷沒有被子，就把所有衣服蓋上，甚至將椅子壓在身上取暖。

藏傳佛教中，有位偉大的祖師叫龍欽巴。他在桑耶修行時，全部家當也只是個牛毛口袋。每當下雪時，他就鑽進口袋裡。這個口袋，是他的被子、坐墊，還是唯一的衣服。

提到「唯一的衣服」，我想起一個護生短片中的小狐狸，它告訴人類：

「我有件美麗的衣裳，一年四季穿身上。我一輩子只有這麼一件衣裳，是媽媽生我的時候送我的。我從此天天穿著它，晚上睡覺也不脫。

人呀，我的衣裳只一件，而你的衣櫥已滿又滿。我的衣裳是我的毛皮，失去毛皮，我只有血肉一團。你的衣服可以一天三換，我衣服脫下，就命喪九泉。」

我們不穿動物皮，還有很多衣服可穿；不吃動物肉，還有很多蔬菜可吃。對許多人而言，吃一塊肉不算什麼，但你可曾想過：動物只有這一塊肉，你吃了，它就會因此喪命。

西方有不少動物保護組織，我們這邊雖然不多，但每個人最好能從自身做起，關愛所有的動物。假如你特別愛吃肉，以後盡量少吃點，這也算是一種「安忍」。

6. 心情愉快法

藏傳佛教中有個實修法，若能經常修持，有助於天天好心情，改善人際關係，諸多不順迎刃而解。

方法很簡單：雙目直視虛空，不執著一切自然放鬆，心胸盡量放大，在此境界中坦然安住。然後念誦「達雅他　嗡　措姆迷勒那　德卡踏母索哈」，七遍、一〇八遍都可以。

這個方法，我修過一段時間，效果非常好。當然，你沒有信心的話，效果不一定明顯，畢竟修任何一個法，信心特別關鍵。

有些人認為這不理性。其實，過於理性和過於感性，都會阻礙你涉入許多甚深領域。

有些搞學術研究的人，對「信心」、「加持」完全否定，一提起就嗤之以鼻，除了自己的分別念，什麼都不相信；有些人又太過盲目迷信，對理論從來不研究，這也是一種極端。若想認識這個世界的真相，應當住於中道，不墮兩邊。

7. 放下執著

有位畫家在紙上畫了個黑點，裝在相框裡。旁人看後有各種猜測，不知道這代表什麼。其實，它的喻意很深：當我們執著於一點時，往往會忽略很多，全然不覺還有大片的空間。

我認識一個人，家庭出了點問題，她就不想活了，包個車去了壤塘大草原。那裡特別遼闊，十幾公里看不到邊。她下車後，打發司機走了，開始大叫發洩痛苦。喊著喊著，心也隨之開朗起來。看看天空，看看草原，她感覺自己像隻小螞蟻，死命執著一個小窩，有什麼意思？瞬間她就放下了，痛苦也銷聲匿跡了。

在修行人眼裡，有痛苦並不值得大驚小怪。《入菩薩行論》中講，事情若尚有轉機，用不著痛苦；沒有轉機了，痛苦也無濟於事。比如親人離開了人間，如果有辦法讓他活過來，那不必痛苦；倘若已無力回天，再哭又有什麼用？不過，真能這麼想的，沒有幾個人。

當然，我不是說自己就能如此，遇到什麼都坦然面對，但通過長期學習大乘佛法，現在看到家人去世，跟以前的心態完全不同了。

不少人也有這樣的體會：沒學佛時，生起一點煩惱就難以面對；但學了佛以後，解決了生活中很多問題，內心也感受到了快樂。這一切，是金錢無法帶來的。

你們當中，也許有佛菩薩的化現。如果有人是聖者，就另當別論，但若是像我這樣的凡夫，建議還是學修一下佛法。若能如此，你的痛苦定會慢慢消失。

8. 認識覺性

以我個人的體會，這個方法最簡單、最直接，不需要以中觀理論分析，只靠上師的一個竅訣，即可認識痛苦的本性，當下將煩惱轉為菩提。

這是密宗最深的竅訣。

要注意的是，這個竅訣，必須要得過灌頂、修過加行才能學修。不具備條件的話，連法本也不讓看。有些人偷偷去翻閱，但沒有上師接引，即使看了一些文字，也不懂裡面在說什麼。

以上方法不一定要全部嘗試，每個人根基不同，選擇適合自己的就可以。猶如生病的人，吃中藥能好，用西藥也行，還可以選擇藏藥。不管選擇哪一種，目的都是為了除苦。

痛苦由心而生，故也要由心而滅。想用金錢讓自己快樂，解決不了什麼問題，只有依靠佛法來調心，才能從根本上拔除它。

請問師父

Q：仁波切您好，我代表美國朋友問一個問題：佛教的傳承為什麼重要？如今有先進的科學記錄手段，還需要強調傳承嗎？

A：佛教任何一個傳承，包括戒律的傳承，都非常重要。像我們藏地，比丘尼戒的傳承歷來沒有，女眾出家的話，就無法受比丘尼戒；而在漢地，這個傳承一直存在。不過，《大藏經》和論著的傳承，在藏地始終完好無損、代代相傳，這是極為難得的。

這些傳承有什麼用？起到承接加持的作用，也就是說，能將佛陀的加持無有間斷地傳遞給我們，這對修行人來說至關重要。

不單單佛教強調傳承，世間也是如此。比如美國總統，第一個是華盛頓，到現在是歐巴馬，這也算是一種傳承。既然世間的傳承都十分重要，佛教的法脈更不用說了。

Q：您說受苦時要想到別人，不斷地發願、迴向，以此培養慈悲心。這樣就不再有痛苦了，對不對？

A：這要看每個人的修行功夫。

Q：但這樣也會非常痛苦啊。比如看上師生病了，希望他馬上康復。

A：《寶性論》中講，真正的聖者超離了生老病死，身體上是不會有病苦的；但在眾生面前，出於某種利他的必要，也會示現生病等。

所以，弟子為上師生病而痛苦，是凡夫對聖者的一種「擔憂」。

Q：那麼說，上師生病是為了度化我們，就像維摩詰居士？

A：如果上師是大成就者，是；上師若是凡夫人，那也值得弟子關心。

Q：我是香港公開大學工商管理的碩士。去年，我恭請上師為部分弟子開了個法會，這樣做對嗎？還有什麼可做的？

A：你們舉辦法會，具體情況怎樣，我也不是很清楚。

但不管開什麼法會，最好不要經常募捐，搞些不如法的形象，這對上師不利，對整個佛教也不利。

我們每個佛教徒，應該對佛教負責、對上師負責、對自己負責。如果有些行為容易引起他人誤解，就應該盡量制止；對弘法利生真正有利的，哪怕遇到生命危險，也要盡心盡力去做。

以前在特殊年代，我的上師法王如意寶為了護持佛法，再危險的境遇也坦然面對。所以，法王傳承下的很多弟子，在弘揚佛法、利益眾生方面，有很堅強的意志。我非常希望大家也能做到這一點。

現在的學佛環境這麼自由、開放，你們一定要好好珍惜。不但自己要對佛教有正信、正見，同時，也應讓世人了解佛教的本來面目。這是每個佛教徒的責任，大家要在這方面下功夫。

Q：我是噶舉派的弟子，參加您的網路學習班可以嗎？不同傳承有沒有衝突？參加網上學習，要遵守哪些密乘戒律？

A：可以。網上的那些課程，主要是《入菩薩行論》、《大圓滿前行》等，沒有講密宗的不共修法，故不涉及密宗戒律。

佛教各派，不管是噶舉、薩迦、寧瑪、格魯，都是圓融一體、互不相違的。聽說在香港，以前不同宗派的弟子，包括一些佛教中心之間，互相有衝突，這是很不好的。無論哪個教派的法，都是首先發菩提心、中間積累資糧、最後成就佛果，這些理念完全一致，不分什麼你我。

大家在學佛時，心量應該放大。包括對佛教以外的宗教，也不能隨意排斥，彼此應當求同存異，和睦相處。

Q：我是香港公開大學的博士。這個世界，是釋迦牟尼佛的剎土。佛的剎土一般很美好，但我們的世界充滿了痛苦，這是否意味著釋迦牟尼佛在因地時沒有發好願？

A：不是。《白蓮花論》中講，釋迦牟尼佛在因地時，發下了五百大願。在當時一千位發願者中，釋迦牟尼佛的願力最殊勝。

為什麼？

其他發願者都選擇了清淨剎土，而釋迦牟尼佛看到濁世眾生非常可憐，於是選擇了這個惡濁的剎土。

佛經中有一部《白蓮經》，專門記載了這些如白蓮花般的發願，說釋迦牟尼佛的大願超過賢劫其他佛。

對我而言，經常會憶念釋迦牟尼佛的恩德。若不是他發願攝受濁世眾生，我們這些人豈有機會得度？所以，一定要感恩釋迦牟尼佛。

Q：往生極樂世界，是不是一定要具備空性智慧？帶業往生，是否也要證悟空性？

A：不一定先要證悟空性才能往生。依靠阿彌陀佛的發願力，帶業往生之後，可以在極樂世界證悟空性，然後獲得菩薩的果位，度化眾生。

Q：我看了很多佛教的哲學，對四法印也有了解。但在工作中被人批評時，許多道理仍用不上，怎樣才能使我不受環境影響？

A：你在工作中，受到領導批評或別人謾罵時，可以把它當成空谷回聲，這在《虛幻休息》以及阿底峽尊者的教言中有講。

或者，還可以把謾罵當成讚歎，這也是一種境界。以前在釋迦牟尼佛面前，有人讚歎、有人誹謗，但佛陀對所有的毀譽一視同仁，不隨外境所轉。

推薦你學一下《入菩薩行論》，即使沒時間全部學完，只學其中的《安忍品》也很好。若能如此，以後遇到什麼痛苦、不平，都可以忍受，活得會比較開心。

當然，學佛不能只停留在文字上，從來不去修行。想當個佛教徒，還是要有點實質，不能只是空架子。

要修佛法的話，應從皈依、發心等加行開始。這些簡單的法修好了，修高深的法才比較穩妥。現在很多人不是這樣，非要先求大法，修不上去了，再進入簡單的法，如同先讀博士、再讀小學，順序已經搞錯了。

11 快樂的八個祕訣

佛教，會給每個人帶來不同程度的快樂。
如果它沒有這個作用，我們不必弘揚和修行，但事實證明它可以。
在壓力過大的今天，或許，它比錢更重要。

本章為索達吉堪布在上海交通大學的演講 2012·10·24

唐朝皇帝武則天寫過一個偈子：「無上甚深微妙法，百千萬劫難遭遇，我今見聞得受持，願解如來真實義。」意思是，佛法甚深微妙，又極難得聞，有緣聽到的時候，務求通達。今天講的快樂祕訣，就出自一部「極難得聞」的論典——《修心八頌》。

《修心八頌》問世已八百多年。當年，藏地佛教被國王朗達瑪所滅，為了重振，印度阿底峽尊者應藏王邀約，不顧一切入藏弘法。於是，大乘正教再興於藏。尊者的再傳弟子，朗日塘巴尊者，就是本論作者。

生而為人，誰不想快樂

在藏地，無論是寺院、學校，還是一般人的家裡，這八個快樂祕訣隨處可見。它看似簡單，但其中的深意，我們畢生也學不盡。

記得剛出家時，上師給我傳了這個法，當時自己還年輕，也比較傲慢，覺得這很好懂，沒有什麼了不起。可是後來，我才發現錯了。在之後的近三十年裡，每次重溫它，都有不一樣的收穫。

你們第一次接觸《修心八頌》，可能也覺得：「這有什麼？我可以寫出更好的。」但事實上，它是聖者的智慧流露，不同於凡夫拼湊的文字，它可以讓我們獲得快樂。

生而為人，誰不想快樂？然而，光是嘴上說說沒用，快樂需要一種調心方式。只有掌握了這個，幸福感才會與日俱增。

《修心八頌》就是這樣的快樂祕笈。在藏地，大德們極為重視這一祕訣。我所在的喇榮五明佛學院，出家人必須背誦三部論典，《修心八頌》就是其中之一。

當然，這裡面所說的，百分之百做到並不容易。《修心八頌》講的是聖者行境，不說俗務纏身的在家人，連我們出家人，完全做到也特別難。

但即便如此，也要盡力去做。實在不行，可以按裡面的內容發願，祈願在未來做到，或者將它貼在顯眼的地方，經常用這些提醒自己。

或許有人懷疑：「短短八個祕訣，有那麼殊勝嗎？」答案是肯定的。這些祕訣的加持不可思議，它用簡練的語言，開顯了最深的道理，就像一把小鑰匙，能開啟寶藏的大門。

由於時間關係，這次無法廣講，只能給大家簡單地介紹一下。如果在藏地，講的時間會比較長。我家鄉有位八十多歲的老法師，他講經的時間，是從下午一點到七點半，中間沒有休息，不管聽眾多累，他都一直慢慢地講——不過你們放心，我沒有這麼厲害。

快樂祕訣一：把愛「我」變成愛「他」

〔原文〕

願我以勝如意寶，饒益他眾之意樂，

時時刻刻倍珍愛，輪迴一切諸有情。

〔注釋〕

利益他人之心，比如意寶更珍貴。願我以此心時時愛護一切眾生。

如意寶，是龍族的寶珠，有著特殊的能力：無論向它求什麼，皆可如願。世人通常認為，這樣的寶貝十分難得，但實際上，擁有一顆利他心，比擁有如意寶更珍貴。

這個時代最需要的，就是利他心。若都惦記著一己私利，社會必然不安定。只有不分地域、國家、種族，平等關愛一切眾生，我們周遭的環境才會更好。

幾年前的一則新聞讓我記憶深刻。在一次網球公開賽中，最後一局，雙方長時間處於比分相同的狀態，勝負就在一球之間。

此時，一隻小鳥突然飛進場內，被高速飛行的網球擊中，當場墜地而亡。

誤打死小鳥的選手，不再關心比賽輸贏。他放棄迎戰對手毫不客氣的進攻，當著萬千觀眾的面，跪在小鳥面前，為自己的過失懺悔……

有人不理解這種行為，為一隻已經死了的小鳥，丟掉了可能的冠軍寶座，值得嗎？

當然值得。因為尊重生命的心，比什麼獎盃都珍貴。

從佛法的角度講，這種心若進一步昇華，就是大乘佛法的心髓——菩提心。《入菩薩行論》中說：寧可失去錢財、名譽，乃至生命，也不能失去利益眾生的菩提心。

要知道，一切眾生都對我們有恩。且不說無始劫來，僅僅是眼前，我們的吃穿住行，哪一樣背後沒有眾生的汗水？只有時時念恩，多想眾生，少想自己，才符合道理。也只有這樣，快樂才會不求自來。

其實，一個人的痛苦全部來自於愛「我」，如果把愛「我」變成愛「他」，痛苦自會減少很多。

有些人固執地認為：「憑什麼要愛他，他又不是我家人？」

且不談佛教中的觀點，現在科學家通過ＤＮＡ技術也發現：人類擁有同一位祖先。也就是說，地球上所有人都是一家人。

既然如此，我們何不放下執著，試著去愛每一個人？

快樂祕訣二：被人尊重是幸福，能尊重人更幸福

〔原文〕

願我交往何人時，視己較眾皆卑下，

誠心誠意又真摯，尊重他人獻愛心。

〔注釋〕

無論與誰交往，願我無有傲慢，心懷誠意，時時想到利益別人。

《禮記》中說：「夫禮者，自卑而尊人。」

可是，現在許多人不懂「禮」，不管是走路、說話，經常一副目中無人的樣子。其實，尊重他人，是做人的基本素養。若不懂得尊重別人，自己也不會得到別人尊重。

有些人想不通：「明明我身分地位比他高，為什麼要對他謙卑？」要知道，任何人都有值得尊敬的地方。而且，身處高位而謙卑有禮，才不會驕橫過分。

無論做世間事，還是學習佛法，人最容易有的問題就是貢高我慢，這點會阻礙我們在學業和道業上進步，做事情也不容易成功。

一個人暫時有點福報，其實沒什麼了不起。世間一切皆為無常，財富再圓滿，也可能一夜淪為乞丐。前些日子，廣州某位有二十二套房產的貪官遭爆料後，立即被免職，查封全部財產。誰能知道哪一天，我們會不會也身陷極其悲慘的境地？了知無常，還會輕易看低誰嗎？

不少人總以為自己擁有某種資本，進而生出莫名的優越感。龍猛菩薩說，有人以才華傲慢，有人以美貌傲慢，有人以財富傲慢，有人以地位傲慢。假如你有類似的心態，不妨多翻閱史料，了解一下這種人的結局。

人生在世，不但要學知識，也要學做人。所謂的做人，不是表面上待人進退有度，而是要發自內心地尊重別人。

這方面，大乘佛教中有更深層的宣說。

大乘最重要的理念，是大悲心、大慈心、菩提心。大悲心是想拔除眾生痛苦；大慈心是想給予眾生快樂；菩提心是在二者的基礎上，希望眾生獲得永遠的解脫——佛果。

有了這些善心，不用學表面功夫，也會尊敬眾生，這從很多大德的言行中即可看出。

當然，大成就者的有些境界，我們不要說一輩子，一百輩子也遙不可及。但即使做不到一〇〇%，做到二〇%，一〇%，甚至五%，也是可以的。不能因為做不到最好，就徹底不做了。

快樂祕訣三：將煩惱消滅在萌芽中

〔原文〕

願我恆常觀自心，煩惱妄念初生時，
毀壞自己他眾故，立即強行而斷除。

〔注釋〕

願我恆常觀察自心，每當煩惱、妄念剛生起時，意識到它將毀壞自己和他人，立即強行將之滅除。

現在的人煩惱極其熾盛，誠如《地藏經》所形容的，「起心動念，無不是業，無不是罪」。當一個人生起煩惱時，常會喪失慚愧心，甚至無惡不作。培根在《論貪婪》中描述得很形象：「貪婪者為了煮熟自己的一顆雞蛋，不惜燒掉鄰居的一座房子。」

打開網路，這樣的新聞比比皆是，豆腐渣工程、毒奶粉、地溝油……人們連走路、吃飯、喝水都已沒安全感。造成這種悲劇的原因，一方面是許多人不懂因果，一方面就是貪婪等煩惱過盛所致。

在煩惱的驅使下，還會爆發個人、家庭、民族乃至國家間大大小小的戰爭。在上海街頭，我看到兩個小販為蠅頭小利而打架，雖然打得不厲害，只用蘋果互砸，卻也算是一場「戰事」。

滅除煩惱，最好的武器是利他心。不管做什麼，若以他人的利益為出發點，盡量減少自我愛執，煩惱很快會滅盡。煩惱滅盡，痛苦也就不復存在了。

快樂祕訣四：可憐之人，必有其可愛之處

〔原文〕

願我目睹惡劣眾，造罪遭受劇苦時，
猶如值遇珍寶藏，以難得心愛惜之。

〔注釋〕

若有人因造過惡業，如今正在受苦，願我猶如遇到寶藏一樣，以難得心珍惜眼前的機會，幫助這些可憐眾生。

這個時代太缺少愛，許多人為了自己，不願意多管閒事——前面講的小販打架，當時圍觀的人不少，可沒一個人去勸。這件事雖然沒引發嚴重的後果，但從性質上講，跟「小悅悅事件」是一樣的。

按照大乘精神，見到這種情況，包括看到飢餓者、殘疾人、乞丐等可憐眾生，我們應該怎麼做？

要如同挖到金礦般歡喜，覺得利益他人機會難得，想方設法去幫助他們。

有人雖然也會付出愛心，但往往是遇到災難時才想起。比如汶川地震期間，許多人都向災民伸出援手，可是災難一過，就不管他們了。站在大乘的角度，這種偶爾的愛心遠遠不夠。

還有人看見可憐眾生時，無動於衷、袖手旁觀，甚至會想：「可憐之人必有其可恨之處，活該！」這種心態，就跟大乘發心相去甚遠。

當然，要一下子轉變積習已久的觀念，達到大乘境界，也有一定困難。不過我希望，大家今後盡量要往這方面努力，以善心對待一切人和事。

善心，應從點點滴滴培養。哪怕你做不了太多，不妨試著「日行一善」，每天至少做一件有益於自他的善事：看到腿腳不便的人，過去攙一下；別人罵自己，稍微忍一忍；生起嫉妒了，馬上調整心態……時間長了，善心一定會成為習慣。

快樂祕訣五：別人誹謗你，是對你最大的恩惠

〔原文〕

願我於諸以嫉妒，非理誹謗本人者，
虧損失敗自取受，利益勝利奉獻他。

〔注釋〕

若有人因嫉妒誹謗我，願我心甘情願接受一切虧損、失敗，將利益和勝利奉獻給他。

這個偈頌加持非常大。

《大圓滿前行》中記載：昔日，恰卡瓦去甲向瓦格西家做客，見到一個小經函，順手翻開，看到一句話：「虧損失敗自取受，利益勝利奉獻他。」他感覺非常稀有，忙問：「這是什麼法？」

格西答道：「朗日塘巴尊者造的《修心八頌》。」

恰卡瓦迫不及待地想求此法。遺憾的是，朗日塘巴尊者已圓寂。

後來，歷經艱辛，他終於在夏日瓦格西面前，求得此法傳承。之後的六年中，他一心

修持《修心八頌》，最終獲得了殊勝成就。

在世人眼裡，聽到誹謗自己的語言，正常的做法是以牙還牙，秉持的原則是人不犯我，我不犯人，人若犯我，我必犯人。但站在大乘的角度，就不應該有這種心了，而要做到失敗都歸我，勝利都歸他。

乍聽之下，有人可能會想：「如果幹什麼都是『虧損失敗自取受』，那還怎麼活呀？」這種顧慮是多餘的。修行講究次第，對凡夫來說，可以根據自己的接受能力來行持，暫時並不需要所有的事情都吃虧。

在此過程中，若善於運用各種竅訣，煩惱便會無從生起。比如別人罵你時，你可以將罵聲觀為空谷回聲，它對自己無利無害。

昔日，寒山問拾得：「世間謗我、欺我、辱我、笑我、輕我、賤我、惡我、騙我，如何處治乎？」

拾得回答：「只是忍他、讓他、由他、避他、耐他、敬他、不要理他，再待幾年，你且看他。」

這不僅是修心的竅訣，也是為人處世的良方。試想，假如你沒做對不起別人的事，人家非要誣陷你做了，此時你是針鋒相對地回擊，還是以這種方法化解？聰明人一想，就知道後者效果好。

不過，這些祕密只掌握在少數智者手中，大多數人不知道。就算偶爾知道了，也很少有人做得到。

佛法重在行持。「虧損失敗自取受，利益勝利奉獻他」這一理念，剛開始去做，肯定比較困難，但能長期堅持的話，自然會得心應手。如果一心行持，哪怕只是這一句話，也可以讓你根除痛苦。

快樂祕訣六：恩將仇報的人，是我的上師

〔原文〕

願我於昔曾利益，深切寄以厚望者，

彼縱非理而陷害，亦視其為善知識。

〔注釋〕

如果我曾幫過某人，並對他寄以厚望，他卻反過來陷害我，願我也能將其視為善知識。

當今社會，恩將仇報的人特別多。有些老闆費心栽培一個人，此人在有能力後，不但

不報恩，反而將客戶拉走，把老闆逼得走投無路。

以世間眼光看，這種人非常可恨。大家小時候學過《東郭先生和狼》吧，這個寓言就告訴我們：忘恩負義者該千刀萬剮。

可是按照大乘的理念，不但不應該記恨，還要把他當作上師。

對很多人來說，這有點匪夷所思。但在佛教歷史上，許多大德的確以實際行動展示了這種境界。

廣欽老和尚有個弟子，被人陷害後，跑到老和尚面前哭訴。老和尚聽後說：「俗氣，沒脫俗！俗人才感覺別人在刺激我。如果是修行人，心放在道上，人家說我不好，是在幫我改進修行。」

對修行人而言，別人陷害你，是對你最大的恩惠。

我們即使達不到這種境界，也應多記別人的恩德，忘掉別人的傷害。現實中許多人恰恰相反：別人幫了自己，轉眼就忘得一乾二淨；幾年前別人說的一句重話，至今還記得清清楚楚。這樣不太好，大家今後要改變習慣，心裡不要裝太多怨恨。怨氣大了，傷人傷己。

快樂祕訣七：你一生做的好事，全是為自己做的

〔原文〕

願我直接與間接，利樂敬獻諸慈母，
老母有情諸苦厄，自己默默而承受。

〔注釋〕

願我以直接或間接的方法，將一切快樂奉獻給眾生，默默承受他們的痛苦。

利他有直接、間接之分。直接的，像醫生治療疾病、老師解答疑惑等；間接的，是通過一些途徑讓眾生遠離痛苦，比如不吃肉。

利益眾生，看似在幫別人，實際上是幫自己。

有個美國人叫克雷斯，在一個風雪交加的夜晚，他的汽車拋錨，被困在野外。正當焦急萬分時，有個騎馬的男子路過，見此情景，二話不說，用馬將汽車拖到了附近的小鎮上。

感激不盡的克雷斯掏出錢，準備酬謝對方。男子拒絕：「這不需要回報，但請給我一句承諾——當別人有困難時，你也盡力地幫助他。」

後來，克雷斯主動幫了許多人，每次他都將這句話轉述給被幫助者。

多年後的一天，克雷斯被爆發的洪水困在孤島上，一個少年冒著危險救了他。當他感謝少年時，少年居然說出了那句克雷斯曾說過無數次的話：「這不需要回報，但請給我一句承諾……」

克雷斯頓時明白：他這一生做的好事，原來，全是為自己做的。利他即利己，這在大乘佛法中有全面、透徹的宣說。如《入菩薩行論》就告訴我們：「所有世間樂，悉從利他生；一切世間苦，咸由自利成。」

你們頭一回聽大乘的利他教言，也許感覺比較陌生，但只要用心觀察，就會知道這種理念的可貴。

快樂祕訣八：一切萬法似夢似幻

〔原文〕

願此一切我所行，不為八法念垢染，

以知諸法如幻智，無執離縛而解脫。

〔注釋〕

願我的一切所行不被世間八法染污，了知萬法本體皆空、顯現上如夢如幻，遠離執著與束縛，獲得解脫。

世間八法，即稱、譏、毀、譽、利、衰、苦、樂。

作為普通人，喜歡讚美，不喜歡批評；喜歡被關注，不喜歡被忽視；喜歡得到，不喜歡失去；喜歡快樂，不喜歡痛苦。

但修行人了知萬法皆空，「一切有為法，如夢幻泡影」，並不會把得失看得太重，以此可擺脫世間八法的束縛。

斷除了對這一切的執著，才能真正遠離痛苦。

誰有了它，誰就有了快樂

這八個祕訣，從各個角度宣說了利他的道理。依此行持，不管你是否學佛，都可以擁有快樂。

利他，其實不僅是大乘佛教的根本，也是全人類不可缺少的財富。現如今是二十一世紀，就算到了三〇世紀，人類照樣需要它，它依舊不會被淘汰。

為什麼呢？

我們所有的不快樂，全部來自對「我」的執著。只有轉變心態，將短暫的一生用於利他，才有可能減少痛苦、增上幸福。

這一點，不單佛教如此提倡，其他宗教也不例外。像德蕾莎修女，付出一生幫助他人，自己的生活極其簡單。但在她的生命中，沒有痛苦，唯有喜樂。

許多人不知道這個祕密，總抱怨自己太倒楣，老天不公平……如果你不想快樂就另當別論，想快樂的話，請停止怨天尤人，從現在開始培養利他心。

我本人雖然修行很差，但也看過大量的經論，從中深深體會到：人最需要的是利他心，誰有了它，誰就有了快樂。

這其中的奧妙，只有你做到了，才能有所領悟。

當然，凡夫的利他心，跟菩薩比有一定距離。我們即使達不到太高的境界，若能在減少自私、增上利他方面有所進步，哪怕只前進一步，也是個好的開端。

請問師父

Q：我去過很多漢地寺院，幾乎都有被騙買高香的經歷。請問，藏傳佛教的寺院是否有類似情況？佛教怎麼看待這個問題？

A：如今，漢地寺院商業化的傾向比較嚴重。在有些地方，甚至有寺院已經上市。對此，許多人議論紛紛。這種情況如果繼續下去，佛教確實會面臨危機。

不過，最近國家統戰部、發改委等部門聯合下發文件，制止寺院「被上市」、「被承包」。如果這些政策能落實，對佛教應該是好事。

到目前為止，藏地還沒有出現這種情況。除個別著名的寺院外，絕大多數寺院仍保持著傳統特色。

我個人認為，寺院不應該賣門票，否則，就分不清寺院和旅遊景點了。作為佛教道場，應該保持清淨、安寧，給人帶來一種祥和。

Q：出世間快樂與世間快樂有何區別？怎樣才能獲得出世間快樂？

A：世間快樂源自感官享受，出世間快樂超越了感官享受。

獲得出世間快樂，首先要生起出離心，了知輪迴是痛苦的；之後生起度化一切眾生的菩提心；最後證悟萬法皆空。若如此，就能獲得無法言表的大安樂。

自古以來，無數高僧大德證得了這種境界。只要具足信心和精進，我相信人人都能得到。

Q：有世間經歷後出家和從小就出家，這兩種人在開悟方面有區別嗎？

A：對開悟來說，從小出家還是半路出家不重要，關鍵要看自己的信心和精進。如果精進和信心不足，即使從小出家，也不一定開悟；若具足了這二者，即使很晚出家，也能迅速開悟。

Q：您說，前世的因，造就今生的果。那現在做善事，能否改變今生的命運？還是必須等到來世？

A：這要看你行持善法的程度。佛法中講，如果在佛陀、聖者、僧眾等嚴厲對境面前行持廣大善法，今生很快就會感召果報。

業果是極其複雜的，只有系統學習，才能通達其中奧祕。簡單講，今生造的業，感果有三種情況：一是今生成熟果報，即現世現報；二是下輩子成熟果報；三是第二世乃至千百世後受報。

就像世間犯罪，有人立即被判刑，有人過幾年被判刑，有人這輩子都不會受懲罰。

Q：既然諸法是空性，我們何必執著於幸福？

A：確實一切法是空性，證悟了這種境界，就不必執著幸福，因為你已獲得最究竟的幸福，如同獲得博士學位的人，肯定已掌握了小學知識。但如果沒到這個境界，就必須執著幸福。

萬法皆空是就實相而言的，追求幸福是就現相而言的，二者不能混為一談。

打個比方，以物理學家的眼光觀察瓶子，它是由原子等組成，但物理學家不會以此認為瓶子不存在，更不會否認瓶子能盛水。同樣，學佛的人也不能以實相來否定現相。

永嘉玄覺禪師說：「夢裡明明有六趣，覺後空空無大千。」六趣眾生的苦樂就像做夢，但沒有從輪迴的迷夢中醒來之前，一切感受是無欺存在的。只有完全證達了萬法皆空，才不需要追求幸福、逃避痛苦。

Q：被人愛和愛別人，哪一種更幸福？

A：這要看你自己。所謂幸福，是內心的一種感受。不管被人愛，還是愛別人，哪一種讓你得到滿足，哪一種就讓你更幸福。

Q：我有一個朋友患抑鬱症失去了工作，一個朋友總想自殺，這是前世的業障造成的嗎？他們該怎麼辦？

A：無論遇到什麼，要有面對的勇氣，不能選擇自殺。生命是最寶貴的，留得青山在，不怕沒柴燒，暫時沒錢、沒工作不要緊，這些可以慢慢來。

心理疾病的成因十分複雜。若是前世業力所致，這種比較難以對治；若是暫時非人製造違緣，則可念蓮師心咒「嗡啊吽班扎革日班瑪斯德吽」，只要經常持誦，就會對治療有幫助。

藏醫認為，在所有的疾病中，相當一部分是非人引起的。遇到他們作祟時，不管你是否信佛，只要念誦蓮師心咒，就會遣除一些莫名其妙的心態。

不僅如此，在生活中遇到違緣，也可以多念蓮師心咒。我自己就是這樣，有時候做了惡夢，醒後馬上念一百遍蓮師心咒，心情很快會平靜下來。

Q：身、口的克制，比如戒殺、吃素，很容易做到，但起心動念較難控制，如何消除不清淨的意念？

A：相對於身、口，心確實更難控制。正因為如此，佛陀才依次說身、口、意，先從調整身體入手，再調整口業，最後才調整心。

若想調伏心，必須有一個過程。若按照佛陀的教言，長期地訓練與對治，心就可以慢慢調柔，達到最清淨的境界。

Q：幫助別人是一種快樂。可由於自己的力量渺小，有時候無法幫到對方，這反而讓我非常難過。既然自己的力量微不足道，這種付出有意義嗎？還值得堅持嗎？

A：做善事也許會違緣重重，造惡業往往非常順利。但即便如此，幫人的心也不能退，我們能做多少，就做多少。

有這樣一個故事：退潮後，沙灘的水坑中留下很多小魚，在烈日的炙烤下，它們即將死亡。此時，有個孩子一條條撈起小魚，把它們扔回大海。有人問：「這麼多小魚，撿得過來嗎？這樣做，誰在乎？」孩子一邊往海裡扔，一邊說：「這條在乎，這條也在乎……」同樣，我們在幫人的過程中，或許能幫到的並不多，而且經常遇到阻礙，但不能就此灰心，因為，總有人在乎。

我認識一位法師，他的寺院有五百多人。在弘法利生時，別人對他的做法不理解，他感覺很為難。一天晚上，他找我談心，說準備放下一切，不當寺院的住持了。我勸他：「還是繼續幹吧。如果是為了自己，可能會有痛苦；但若沒有自私自利，而是以饒益眾生的發心做事，即使事情不成功，也不會有什麼。」最終，他聽從了我的建議，堅持了下去。

在利他的過程中，不要輕言放棄。只要有一口氣，一定要幫助眾生。

Q：在家居士怎樣才能保持精進？

A：如今誘發散亂的因緣相當多。作為皈依三寶的人，對每天的生活要有規劃，早起晚睡，少接觸令人散亂的環境，盡量擠出時間修學佛法。

Q：我是學藏傳佛教的，每天都修上師瑜伽。請問，上師瑜伽是否相當於禪修？

A：禪修有兩種，一是觀察修，一是安住修。

修上師瑜伽時，在自己前方觀想上師，把他當作三世諸佛的總集，並且虔誠地祈禱，這相當於「觀察修」；之後，觀想上師放光融入自身，上師的智慧與自己的心融為一體，安住在這種境界中，相當於「安住修」。

所以，上師瑜伽就是禪修。

Q：每天花兩個小時念經磕頭，不聞佛法不讀佛書；每天花兩個小時聽聞佛法閱讀佛書，不念經磕頭，哪一個更有功德？

A：每天吃飯不吃菜，每天吃菜不吃飯，哪一個更有營養？

Q：六道輪迴像一台巨大的機器，眾生像機器裡的零件，慈悲的佛陀站在機器旁邊，不斷地將苦難眾生救拔出來。我想問：誰製造了這個機器？是什麼動力使它不停運轉？

A：輪迴是無限的，用有限的機器比喻它，不太恰當。

輪迴沒有一個推動者，眾生流轉是種自然規律，如同播下毒種會長出毒果，造了有漏業，必定會轉生輪迴，乃至沒有停止造業，就會不斷地流轉下去。在此過程中，沒有一個外在的主宰者。

若想了解輪迴，必須學習佛教的四諦、十二緣起。明白了這些道理，就會知道輪迴是怎麼回事。

Q：過去心不可得，現在心不可得，未來心不可得。那麼，追求幸福的心可得嗎？

A：在實相中，三心不可得，追求幸福的心也不可得。如果有了這種境界，就會像藏地的密勒日巴尊者、漢地的濟公和尚一樣逍遙自在，沒有任何約束。

但沒有證悟這種境界之前，了知幸福的心還是有，害怕痛苦的心也是有，因此，追求幸福並不矛盾。

所追求的幸福有兩種——暫時的幸福是滿足內心；究竟的幸福是斷除煩惱障和所知障，獲得聖者的果位。

Q：我看過一段話：「人生有三重境界，第一重是『看山是山，看水是水』，第二重是『看山不是山，看水不是水』，第三重是『看山還是山，看水還是水』。」請您解釋一下它的意思。

A：沒學佛時，對萬法有強烈的實執，這就是「看山是山，看水是水」；學佛之後，以中觀理論觀察，一切法皆為空性，這是「看山不是山，看水不是水」；學佛到一定境界後，雖然體悟到無一法可得，顯現上仍要隨順眾生，這是「看山還是山，看水還是水」。

拿幸福來講，也可以相應這三重境界：首先，沒學佛時認為，幸福是真實的；中間，學習佛法後，明白幸福是空性；最後，雖然有了不可思議的境界，可在隨順眾生時，還承認幸福是存在的。

需要指出的是，隨順眾生非常重要！佛陀已證悟了最高境界，但在眾生面前，仍像普通人一樣托鉢、吃飯。許多大成就者也是如此，內心有常人望塵莫及的證悟，但外在的顯現還和普通人一模一樣。

Q：何為小乘佛教？何為大乘佛教？我們應該信仰小乘還是大乘？

A：小乘佛教，常被認為是南傳佛教，在斯里蘭卡、緬甸等國比較興盛。大乘佛教，往往被認為是漢傳佛教、藏傳佛教。

阿底峽尊者説過：「大小乘的差別，看是否具足菩提心。」具有菩提心叫大乘，不具足菩提心叫小乘。

只想自己離苦得樂，這種發心屬於小乘；不僅自己求解脱，還想度化一切眾生，這是大乘的發心。

有些人念佛求往生，目的是什麼？為了自己到極樂世界好好享受。如此，你修的雖然是大乘法，卻有一顆小乘心。

選擇大乘還是小乘，主要看自己的心態。如果心力強大，自己能否解脱不要緊，唯一希望眾生解脱，就可以選擇大乘佛教。

Q：在修上師瑜伽時，是否要將根本上師觀為蓮花生大士？

A：有兩種觀想方法。無垢光尊者在《大圓滿虛幻休息》中說：「修上師瑜伽時，上師的形象無須改變，上師是什麼樣，就直接觀想那種形象。」也有經論中說，可以觀想本體為上師，形象為蓮花生大士。

具體採用哪種方式，看你對上師有沒有如佛般的信心。如果有，可直接觀想上師的形象；沒有，最好是觀想上師的形象為蓮花生大士。

Q：為什麼夢中犯錯不算犯錯，現實中犯錯卻算？

A：按別解脫戒的觀點，夢中犯戒雖有一定過患，但因為不具足真實的對境，所以不算真正犯戒。

月稱論師說，人有三層夢：一是晚上睡覺的夢；二是現在的人生大夢；三是覺悟前的一切都是夢。

現在我們還沒從輪迴的迷夢中醒來，如果哪一天你覺悟了，就會發現，自己所造的罪業猶如夢中的罪，從來沒對你造成過真正的傷害。

Q：我感覺自己上半輩子太苦了，有沒有辦法改變下半輩子的命運？

A：做善事是改變命運的唯一方法。佛教認為，人生的主線是命定的，但也並非一成不變，如果大量做善事，命運就會朝好的方向轉變。學過《了凡四訓》的人，應該明白這個道理。

知道苦是人生的底色，苦的感受就不那麼明顯了。比如身體患了疾病，病苦雖然難忍，但由心態而導致的痛苦，完全可以消除。

實際上，你們是非常快樂的，如果去監獄看看，才知道什麼是痛苦。我去過一些監獄，在許多犯人的心中，唯一的願望就是跟親人交談一個小時。如今，你每天能跟親人朋友聊天，這時候不但不珍惜，反而經常吵吵鬧鬧，若是在監獄裡，有一次機會和他們聊天，就非常滿足了。

大家應該反思，不要總覺得自己苦。有這樣的怨氣，會給生活平添許多不開心。外境的好壞、事情的成敗，我們應抱著隨緣的心態。

當然，隨緣不是消極。對於有意義的事，不能輕易放棄，還是要努力去做。

Q：我長期吃素，但經常被動殺生，比如朋友請吃飯時要點殺，這該怎麼辦？

A：佛教徒一般不會主動點殺。不過，現在的人結婚、過年時大量殺生，有些佛教徒不得不應酬，結果染上了罪業。如果是這種情況，應該多懺悔。

在我一生中，最不願意看到的，就是殺生。小時候，只要碰到殺犛牛的場面，我會盡全力阻止，阻止不了，只好跑開，實在不忍心看到那種慘況。

從因果上講，殺生的後果非常可怕。倘若經常殺生，且不說本人會感召不幸，子孫後代也受影響。因此，希望大家盡量不要殺生。

Q：吃素的人可否食用雞蛋和牛奶？

A：若是嚴格的素食者，雞蛋和牛奶不應該吃。不過，一般來講，有些雞蛋不是受精卵，無法形成真正的生命，所以有些素食者也吃雞蛋。

輪迴皆苦，在這個世界上，完全沒有罪業的食物是找不到的，甚至吃米飯和蔬菜，在種植過程中也難免造業，多多少少有一點過失。

總之，吃雞蛋和牛奶，間接會給動物帶來痛苦，但與吃肉比起來，後果不算很嚴重，比較容易懺悔清淨。

Q：佛教提倡出世，儒教提倡入世；佛教追求精神上的財富，儒教追求現實的東西。您如何評價儒教？

A：佛教不僅講出世，也講入世。像今天的演講，我就將二者結合了起來，否則，只講出世的道理，比如空性、菩提心，你們不一定能接受。

儒教也並非不重視精神財富，不過相對於佛教，儒教偏重於現世的關懷，更多是講如何為人處世、孝順父母，而對於來世的解脫和度化一切眾生，並沒有深入剖析。

其實，儒教、佛教都是傳統文化的精華，少一個也不行。南懷瑾先生說過：「只有儒釋道結合起來，才能給中國人帶來全面的提升。如果儒釋道缺少其一，就不會圓滿。」

我本人對傳統文化非常感興趣，平時看書也偏重看古人的書。希望大家也多了解一些傳統文化，從老祖宗的智慧中汲取營養。

12 只為一顆心

莎士比亞說：「懷疑，是大家必須通過的大門口。只有通過這個大門口，才能進入真理的殿堂。」所以，懷疑並不可怕，關鍵是如何對待。

本章為索達吉堪布在中國文化書院的交流活動 2012·12·23

Q：我曾幫助過一個人，他若是傷害了別人，我有過失嗎？

A：你如果沒有害其他人的心，就沒有過失。

我曾幫過一個貧困學生，希望他有前途，但沒想到他用學到的知識傷害了很多人。我幫他有過失嗎？沒有，因為我的心是想利益他。他做壞事只會害自己，對我不構成損害。

Q：這個業由他自己承擔？

A：對。我幫他是一顆好心，好心不會有惡報。業依賴於心和行為，我的心和行為清淨，沒想過讓他造惡。他要造惡，就自己承擔。

Q：也就是說，是從發心的那個點來判斷？

A：是的，判斷善惡主要看發心。

Q：有些人長得不帥，但你就想親近他，這是因為他的魅力還是什麼？

A：可能是因緣吧。

佛教認為，初次見面時，如果你對某人有不同的感覺，「好像以前認識他」、「怎麼如此親切」……那很可能有一些因緣在裡面。

這種因緣分兩種：你面對的若是一位高僧大德，真正的善知識，你對他有歡喜心、清淨心，這種善緣會給你帶來解脫和快樂。

若是個一般的世間人，你對他的執著，也許是來自前世的共同發願：「願我們生生世世在一起」；也許沒那麼幸運，他是你前世的仇人，彼此間有宿債，「你欠了我、我欠了你」。

是親是怨，難以確定。因緣很複雜，有時要牽扯很多世。

最近，我在翻譯明珠多傑的傳記。傳記中說，他是寧瑪白玉派中天法派的創始人，能回憶兩百多世。在這些世中，他有時變成動物，有時變成人，什麼樣的情形都有。其中，他跟自己的上師恰美仁波切，前世也有好多關係，比如有一世上師轉生為馬，他就轉生為一匹小馬，諸如此類。

現在我只譯了一百多世，還有一百多。每一世的故事很短，不像《百業經》那麼廣，例如「當時他變成什麼，我變成什麼」，「當時他是怎麼死的，我是怎麼死的」……一段一段的，很精彩。

看了以後，你會感受到業的力量。再看今生中自己與他人的相遇，不管是遇到上師還是其他人，你會相信，這背後一定有很多世的因緣在。

Q：漢地弟子選擇上師很難。戒律嚴格的上師，形象比較保守，不好接觸；有才華的上師，涉獵廣泛，又特別開放，請問該怎麼選擇才恰當？

A：保守的也好，開放的也好，先觀察很重要。

憑一時衝動不觀察就依止，往往會發生不愉快的事：弟子的信心變了，上師的加持沒了，弟子誹謗上師，上師辱罵弟子……這就是之前沒有觀察的結果。

觀察後再依止，人不容易退。如果是具相的上師，無論他怎麼顯現，自己都應以信心依止，隨學《華嚴經》中依止善知識的公案。

戒律清淨的上師，可能會有點保守，藏地寺院裡有很多。他們來漢地的機緣不多，即使來了，因為語言不通或性格嚴肅，顯得不太好接近。不過，如果能找到這樣的上師，時時敲打你、監督你，對你的修行很有好處。

開放的上師比較隨和，如果他有些善巧方便，也精通佛法，那麼你在依止時，一方面比較輕鬆，一方面能學到佛法，這是很好的。

總之，上師的行為不重要，重要的是，依止他能不能得到佛法。

遺憾的是，許多人不了解這一點。他們依止上師，只是依止上師的微笑或行為，有點像感情依賴。但感情會變。如果你依止一段時間，始終沒學到佛法，感情一變，信心也就沒了，那時候很可能依止不下去。即使不是這樣，一旦無常顯現，既見不到上師，又沒得到佛法，就悲慘了。

所以，一定要在佛法上結緣，這才是依止的真正意義。

Q：放生過程中，放魚的時候，有些魚死了，有些被人撈去了；放鳥的時候，有些不走，他們就往空中拋，這樣會不會不好？這是積福還是造業？

A：我發願放生、勸人放生，已經有二十多年了。我特別喜歡這件善事。

你說的這些情況是有，社會上也有人不提倡放生，認為放生有弊端，但我們不能因此說「放生沒有意義」。我認為放生百分之百是善法，功德非常大。只不過，方法上確實要注意，否則就是對生命不負責任。

放生前必須觀察好：地點對不對？在這裡放能不能存活？有些人在大路上放鳥，一些剛出籠的鳥飛不起來，結果車一來，好多就被軋死了。

真正有經驗的人，放生之前會找個好地方，甚至為此花上幾天時間，這樣就會比較安全。

Q：我們放生群發願吃素，但「佛法不離世間覺」，有時也會坐到葷桌上。請問，該怎麼解決類似的矛盾？

A：平時能吃素最好，實在不行，放生時也一定要吃。否則，一邊放生一邊吃肉，善法就不清淨了。

「佛法不離世間覺」，是讓我們在修行過程中，懂得隨順世間，學會從世間覺悟真理。這並不是說，世間人吃肉，我也吃；世間人偷東西，我也偷；世間人幹壞事，我也幹……不是這個意思。

有些事可以隨順，有些事不能隨順。

Q：現在市面上有您的書，我在讀，也推薦給朋友。僅僅讀這樣的書，可不可以修行究竟？

A：《苦才是人生》、《做才是得到》等，是我把平常講課時說的道理、講的故事集合起來，用適合世間人的語言匯編成書。每一篇都不長，很快就能看完。

看這些內容，改變一些觀念是可以的，知道我們以前哪些行為不好，將來怎麼為人處世，怎麼變得善良，甚至可以學著積福累德。書中還提到了死亡問題，這對現代人也有警醒作用。

至於能不能讓一個人修行究竟，這要看根基。像禪宗中的利根者，聽個簡單教言就可以明心見性，如果是這種根基，也並非不能開悟。

Q：我是做管理工作的，壓力很重。當我專注佛法時，工作就使不上勁；專注工作時，佛法又疏離了。請問，工作和修行如何協調？

A：這是個很實際的問題，也是很多人的問題：不修行吧，人身難得，一定要修；修行吧，工作又太忙，顧不上。所以，我經常建議大家：在修行中生活，在生活中修行。

其實這事不難。對我們藏族人而言，從小的時候開始，修行就被很好地融入生活，成為習慣。一旦習慣了，也就容易了。

認為二者水火不容，修行時不能工作，工作時不能修行，那可能永遠沒有修行的時間。作為在家人，誰都有家庭、工作，完全放下不太現實，想抽出一個星期或一個月專門修行，也很難。

所以，你要習慣在工作的同時，完成一定的修行。比如，每天看三、四頁《大圓滿前行》，或者走路、坐車時，念夠一定數量的咒語。習慣以後，就不至於中斷修行。

有些人比較極端，修行的時候捨棄工作；等家庭和生活的壓力承受不住了，不得不去工作，一工作起來，又把修行全部放下。

我不贊成這種做法。除非你像學佛之前一樣，做個一般的世間人，或者乾脆出家，兩者都做不到的話，那最好兼顧——在修行中生活，在生活中修行。其實，釋迦牟尼佛住世期間，佛弟子也大多是在家人，他們就是這樣兼顧的。那時候都是如此，何況現在？

把工作做好，把家庭照顧好，與此同時，你可以每天抽出一段時間學修佛法。每天一兩個小時，肯定空得出來。我認識一些企業家，他們特別忙，去這兒出差、去那兒開會，但一有空就學佛法、做功課，天天如此。久了，兩邊都兼顧得很好。特別是修行，不會退失。

我也是這麼過來的。平時要翻譯、要傳法、要管理、要搞建築、要辦學校，同時還要跑出來跟你們交流，但我的功課從來沒落下。出來的車上或飛機上，我會念一部分功課，中間一有空就翻譯，哪怕兩三個偈頌也行，就這麼堅持下來了。

要想堅持，最忌諱的就是衝動，一會兒熱情高漲，什麼都不管，一心修行，一會兒又心灰意冷，什麼都不修，這樣既做不好工作，也修不好法。我們應該有一顆恆常心，對於做好的決定，永遠也不放棄。

不必放棄工作，因為你要生活；不能放棄修行，因為你要解脫。只要不放棄，總能找到一種平衡方法，讓生活和修行同時進行。

Q：我現在學佛了，不喝酒、不吃肉，也不去卡拉OK。但一聚會就被邊緣化，別人覺得你另類。這個時候應該怎麼對待？

A：學佛的人不喝酒、不吃肉，圈子變小了，對待起來有兩種方式：

一是隨他去。如果因為這種行為，減少了一些不好的朋友，生活反而簡單、正常了，這是好事。現在人「無酒不成席」，你不喝就不夠意思，不玩就成了怪物：「你是不是受刺激了？」「最近受了什麼奇怪的教育？」……我們學佛有什麼問題？只不過人們的認識已經是這樣了。

還有一種是，你可以用健康為藉口跟朋友解釋，比如，「醫生說，我再喝酒就沒命了」「要是我繼續吃肉，血壓肯定降不下來」……漸漸地，周圍的人也會理解。

其實吃素很時尚。有些藏族老鄉勸我：「你不吃肉不行，營養不夠。」我開玩笑說：「知道嗎，歐巴馬也吃素，他身體很好。」不過，歐巴馬是為了環保，他的妻子和女兒也在各大學校推廣這種理念。

眼下在一些圈子裡，喝酒、吃肉、ＫＴＶ仍然是重要內容，但慢慢也在變。你們可以試著轉變別人的觀念，即使做不到，也要善巧自處。

Q：晚上我要去修行，一下班就得走，但領導看你不加班，就會找你談話。怎麼才能既不得罪領導，又能繼續修行？

A：這個也得善巧。看來佛教裡強調「善巧」，還是很有道理。

在這種情況下，你要反反覆覆觀察、思維和祈禱，借用文殊菩薩的智慧、觀音菩薩的大悲，再加上你自己的善巧，一定會有辦法。

Q：為了修行，跟領導撒個謊怎麼樣？算妄語嗎？

A：這叫方便妄語。準備說什麼？（眾笑）

Q：有個師父跟我講，做事時念咒語不計功德，必須坐下來靜心念才計。我已發願念某個咒語十萬遍，但他這麼一說，我就氣餒了。對此您怎麼看？

A：我的觀點是，做事也好、走路也好，都可以念。也許對一般人而言，這麼念不如靜下來專注，但對修行純熟的人來講，就不同了。

藏地有許多大德，他們在行住坐臥中都能念咒，已經習慣了。以前有位格西，他每天一邊看因明、俱舍，一邊念咒，法義完全領會，咒語也念得有質有量。我的上師法王如意寶在睡夢中也能念咒。我親眼見過幾次，就在旁邊看著，他人已經睡著了，但手還在一直撥念珠。

我們沒有這個境界，但在做事時念咒，肯定有功德。那位師父說一定要坐下來念，可能是從嚴格角度講的，這樣念心比較靜，功德大一點。

Q：您能不能說說自己一天的起居情況，比如幾點起床？都做些什麼？這樣我們也好隨學。

A：就說今天吧。早上我五點半起床，念了半小時咒語，禪坐了一會兒。接著念了一小時經，這是我的功課。念完後，磕了一百個頭。接下來，我喝了點五臺山的文殊茶，一邊喝茶一邊看書。之後寫微博，吃早餐，然後就到這裡來了。

Q：那您一般幾點睡覺？

A：以前有資料說，人晚上要睡足八小時才行，但今年有新的報告說，每天睡八小時的人死得快，四五個小時足夠了。所以，睡眠時間太長對健康不利。

平時我十二點鐘以後睡。昨天要晚一點，我們那邊有個病人，說要我念經，讓我等著。但我等到一點鐘，還沒來電話，就睡著了。

Q：那您什麼時候寫作或翻譯？

A：一般是在下午。

Q：《普賢行願品》說要「恆順眾生」，這對我們來講很難。眾生有善有惡、有正有

邪，面對善的時候，可以從善如流，但面對惡人惡事時，該怎麼辦？還要隨順嗎？

A：恆順眾生，是指一切時候都要隨順。這是《華嚴經》等大乘經典中教誡菩薩利益眾生的殊勝方便。

法王如意寶的《勝利道歌》裡說：「言行恆時隨順友。」針對這句，曾有人問：「如果對誰都隨順，那對貪心大的人，是否也要隨順他生貪？對嗔心大的人，是否也要隨順他生嗔？」

法王說：「當菩薩隨順眾生時，一定要有度化他們的智慧和能力。比如，文殊菩薩在度化國王的嬪妃時，首先就是隨順她們，然後才讓她們皈依，引導她們獲得解脫。」

不僅是文殊菩薩，許多菩薩也都有自己的善巧方便，並在各種場合中隨順世人，度化有情。

所以，在接觸所謂的「惡劣眾生」時，如果你有能力、有方便，不妨先順著他，以贏得信任。比如，你想幫助一個有邪見的朋友，可以先聽聽他的觀點，甚至適時地表示認同，到了一定時候，再恰當地提出你自己的看法，慢慢引導他。

當然，如果你沒有這個能力，就不要隨順了。否則，說不定被別人吸引，度不了別人，還跟著人家跑，這不成了「同流合污」？

Q：我是做媒體工作的。現在有些人披著「上師」的外衣，我也看到了他的私心及不如法行為，請問這時候該怎麼做？是視而不見，還是揭露出來提醒身邊的人？

A：這個問題要分開看。有些不如法的現象，如果危害面比較廣，讓大家知道也好，有個提防。但要注意的是，不能因此給整個佛教帶來負面影響。

現在許多藏傳佛教的上師在漢地度化眾生，勸大家皈依、發心，讓大家行善，而很多人也皈依了，懂得了法理、得到了攝受，這非常好。

與此同時，也有來謀私利的。漢地一些比較單純的人，因為沒受過佛教教育，加之心急，見到上師也不觀察，直接衝上去依止、供養。等出了問題又生邪見，甚至鬧著打官司。這種現象是有，就像工業革命後，市場上出現各種商品，真的假的都有。

看到這些問題，要不要說出去？這要觀察我們有沒有制止的能力，制止的話，效果好不好。

如果你有能力，確信效果會好，那就制止。但如果你觀察到，這對他個人不利，你度不了他，對佛教更加不利，那裝著不知道也好。

為什麼？因為一旦你報導了，現在人你們也知道，一個人的問題，他們不會怪罪這個人，而是說「藏傳佛教怎麼怎麼」「漢傳佛教怎麼怎麼」……本來這個人代表不了任何教派，但「醜聞」一出來，就會損害整個佛教的形象，也會傷及很多人的善根。

所以我認為，現在我們更需要的，一方面是法律，法律對佛教的保護；一方面是多些正面報導，以贏得社會對佛教的普遍認同。

Q：我一位朋友的母親剛過世，心情很悲痛。我給她推薦了您的《苦才是人生》，她看完後，特別特別想見您。您今天在這兒上課，她很想來聽，但礙於書院的規定，來不成，非常難過。我也很不開心，就向您訴訴苦，沒有別的。

A：書院在管理上有些規定，非常有必要。但她處在這樣的困境裡，想要見我的話，可以單獨安排個時間，晚上或明天早上都可以。

親人死了，是最悲痛的時刻，很需要幫助。沒有感受過的人不知道，「為什麼哭得這麼厲害，為什麼這麼難受……」但正在感受的人，很難擺脫這種痛苦。

在佛學院，以前有人請我念經，我很少去。但後來我父親死了，我去請一些上師、活佛念經，有些答應了，有些沒答應。我知道他們忙，但還是沮喪：「我家人死了，請您念個經，為什麼不答應？」

我感受過，就知道她的痛苦。用自己的感受來為別人著想，也是一種修法。

Q：禪一般是靜著修的，但能不能動著修？比如我打球，打一下念一句「嗡瑪呢貝

美吽」，再打一下，再念一句，能這麼修就方便了。

A：這個主要看修行的熟練程度。初學者一般先安住修比較好，念咒也好、觀想也好，在身心寂靜的狀態中容易修。

等境界提高了，稍微有點散亂也沒關係。像密乘裡的有些修法，有一定境界時，還要求你奔跑、唱歌，做各種行為，這時也能專注，可以成就很高的境界。

每個人的根基不同，如果你有這個能力，一邊打球一邊念「嗡瑪呢貝美吽」，當然好。如果打著打著就忘了，不如多抽些時間靜修。

Q：您說念咒一定要計數，但我經常不知道自己念了多少遍，這樣行嗎？

A：念咒還是要計數。光是口頭上念，不一定很踏實，念了十遍，可能你覺著念了很多。如果你一個一個計數，念多少是多少，對修行是一種動力和壓力。

Q：我在學佛時，不少同事對此感到好奇，也找我聊佛法。他們是自己看書，也常說些自己的見解，但我一聽就知道在謗法。我不好直接反駁，怕他們煩惱，請問如何善巧引導他們？

A：要引導別人，自己先應該學好教理，培養佛教方面的綜合素質。

聽說有個大德來這裡講顯宗密宗，有人問旁邊的人：「什麼叫顯宗密宗？」那人回答：「顯宗就是顯宗，密宗就是密宗。」

可能很多人確實不知道這個差別，所以很難作答。佛教徒要系統學習佛法，最好有善知識引導，這跟你沒學過或者自己看書差別很大。

自己看書，可以了解點知識，但很難通達教理。不通教理，就像你所說，一說話可能在謗法了。所以，你最好建議他們，在有師承的情況下學習佛法。

沒有師承，不說一般人，就是永嘉大師也不被認可。當年他對玄策禪師說自己讀《維摩詰經》時，悟到了佛陀的心宗。玄策說：「無師自悟，是天然外道。」

他請玄策為自己印證，玄策說：「我的境界不夠，曹溪有位六祖大師，你可以找他。」就這樣，永嘉大師參禮六祖，得到了印證。

因此，見到有人自學佛法，我們應該啟發他的善根，讓他接受一些正規的佛教教育。開導時要善巧，不必加些什麼「罪」給他，免得人家生煩惱，但是在道理上，你一定要有破斥他觀點的能力。

這個不必客氣。他覺得自己對，你就用佛教理論跟他辯，讓他知道什麼是對，什麼是不對，理論上不要留餘地。否則，他會覺得專業佛教徒都答不上，自己的觀點更厲害了，還到處宣揚。這對他不好。

我們自己要好好學。學好了，方式上善巧一點，那些斷章取義的說法很容易破。

Q：煩惱怎麼轉為道用？

A：《六祖壇經》說：「煩惱即菩提。」這句話的意思若能通達並做到，就是把煩惱轉為道用了。

比如，當你生起貪心或嗔心，就用智慧觀察這個煩惱的來龍去脈：它從哪裡產生？住在哪裡？去了哪裡？……這樣觀察下來，你會發現，其實煩惱是不存在的。

不僅煩惱，生煩惱的人和煩惱的對境，也都不存在。如果我對這個人生嗔心，「我」的本體存在嗎？這個人的本體存在嗎？嗔心的本體存在嗎？反覆尋找以後，結果了無一法：找不到「我」，找不到敵人，也找不到嗔心，裡外都找不到。所以說「了不可得」。

一切唯有空性，顯現也不過是智慧的妙用。

當你學著觀察，並真正認識這點時，也就是把煩惱轉為道用了。因為你已經了解到它的體——體是空的，既然如此，也就沒什麼可煩惱了。

當然，這個一定要修，只是道理上懂、口頭上說，是不管用的。試想，怨敵來了，你邊跑邊喊「沒有怨敵、沒有怨敵」，行嗎？煩惱來了，你邊生煩惱邊叫「沒有煩惱、沒有煩惱」，有用嗎？

所以，一定要認識煩惱的本性。認識了，也就無害了。

Q：我公司很多人在學佛，天天「我上師是誰，你上師是誰」，但我一直沒皈依。不過您的課講得好，我喜歡聽，特別是您說要用五六年觀察上師，這挺對我的脾氣。而且您不是那種把自己擺得很高的感覺——不好意思啊。我想問的是，是不是每個學佛的人都要皈依？

A：大家一起交流，有什麼想法就說出來，這點我很欣賞。你在皈依上這麼謹慎，比不知道觀察、聽到一個名字就去皈依的人，要明智得多。

暫時不皈依也好。有人皈依後，以為皈依的是人，把上師當私有財產，「這是我的上師，不是你的」。聽說某位上師有兩撥弟子，他一下飛機，弟子們都去搶，結果一撥搶到人，一撥搶到衣服，鬧得很不愉快。

基督教沒這種事。他們共同信仰上帝，神父不會說「這是我的信徒」，信徒不會說「這是我的神父」，這樣就團結。其實我們也一樣，大家皈依的是三寶，所以我每次都說：「我代表佛法僧三寶給你們授皈依，你們皈依的是三寶，不是我。」

我這麼說有我的考慮。一方面，一旦我做了什麼壞事，不會染污別人；另一方面，也是讓大家不要有「你的、我的」這種分別，我們都是佛教徒，是佛的弟子，應該要和合。

當然，人的意樂、根基不同，我們選擇的路，並不是所有人都要這麼走，別人可以自由選擇。今天我們聚在一起，信仰什麼都可以，不妨礙大家共同開拓一種事業。所以，皈依看因緣。因緣成熟了，瓜熟蒂落，也就皈依了。

不過，人身難得，以後因緣成熟了要把握好。要知道，皈不皈依在功德上有很大差別，約束力也不一樣。

Q：不知道為什麼，我一看《金剛經》就想睡覺，這是怎麼回事？

A：是不是這部經的加持讓你的心安寧？以後我睡不著也試試。

Q：在依止上師的問題上，您說要觀察五六年，這肯定非常如法，也最踏實。但是，如果每個人都花這麼長時間去觀察，會不會影響佛教發展？有沒有特殊情況？

A：觀察五六年，應該不會影響佛教發展。就像九年義務教育，這不僅不妨礙中國發展，還會促進社會進步。所以，在一些重要問題上，長期準備是有必要的。

其實，觀察上師還有更長時間的，按宗喀巴大師《事師五十頌釋》的觀點，需要觀察十二年。

特殊情況也是有。一些非常公認的大德，你可以不經觀察就依止。以前德巴堪布對我說：「按理來講，長時間觀察上師是對的，但像法王晉美彭措那樣對弘法利生具有極大功德、舉世公認的大成就者，你們沒有能力觀察，也不必觀察，直接依止就可以。」

聽了這句話，我馬上去喇榮依止了法王如意寶。

Q：大圓滿教法裡有三個概念：本體空性、自性光明、大悲周遍。而現在的「人間佛教」常說無緣大慈、同體大悲，禪宗也只強調空性，那是不是說，大圓滿才是將這三者整合在一起的教法？

A：寧瑪巴里講的「本體空性、自性光明、大悲周遍」，是從覺性的不同側面上講的，這三者本來就是一體。

所以，這不是指所有宗派觀點的最終圓融，而是當一個人證悟心性時，自然會呈現這三個融合一味的特點：本體空性，這是法身；自性光明，是報身；大悲周遍，則是在不同眾生面前示現種種化身。

Q：我經常組織給亡人助念的活動，但個別師兄有顧慮，擔心會把亡人招來，給自己及家庭帶來不良影響。請問，這種顧慮有沒有必要？

A：一般的亡人，像病死的、老死的，這些不會。按照藏地民間的說法，橫死的可能稍微有一點，但這個通過念咒，也都能遣除。

你們助念者發心大，功德也大。雖然民間有各種說法，但不必有什麼顧慮，因為佛菩薩的名號及咒語完全有守護自己、防止危害的能力。而且，以清淨的發心去助念，對亡者的利益不可思議。

Q：弟子以前在一年當中，都是五點起床，然後學習、上早殿。後來我發願受四十九天八關齋戒，希望再早起一點，多些時間學法。誰知道已經三十天了，還是不到五點起不來。我現在好像起不來了——

A：你這不起來了嗎？（眾笑）

修行佛法，也要根據自己的身體條件。這個要長時間調節，偶爾性的過於精進，不一定合適。

如果你想多些時間修法，一是要減少睡眠，睡太多只是習氣而已，這個可以慢慢減下來。還有一個就是要減少散亂，很多人說沒時間修行，其實時間都用到散亂上了，並不是沒時間。

Q：我是慈慧基金會的志願者。在實習過程中，我接近了一些老人，才體會到他們的

孤獨無助。同時也看到，有些人做志願者時，覺得這只是世間法，和自己追求的出世間法不一致，還有人不願意接受制度的管理。但我認為，親自做慈善，是能夠實踐菩提心的。請上師開示，該如何通過做慈善完善自己的心靈？

A：我做慈善的時間不長。剛開始，是一個女孩的信觸動了我。

那時候她在讀中學，家裡沒錢，讀不下去了，於是給我寫了一封信，並託人轉交。當時我在漢地，回去後沒見到那封信。為了讀書，她又寫了第二封信，這次我收到了。

信裡說：「我很想用自己的智慧來過自己的生活，但家裡實在太窮，沒辦法供我讀下去。聽說您是一位堪布，能不能幫幫我……」信末，她留了隔壁的座機號碼。

此前，我沒有資助過貧困學生。讀了信，我輾轉找到她，並開始給她資助。現在她已經畢業，在甘孜州白玉縣做醫生，對我非常感激。

這件事改變了我很多觀念。以前我認為，只要自己修行、自己行善就可以，是她讓我開始做起了慈善。那天我還對她說：「你的那封信，讓我後來資助了一些人，也改變了一些人的命運。」

那這些是不是世間法？是。你去看望老人，去關懷他們，這些也是。但一個追求出世間法的人，有沒有必要做這些？有必要。

雖然你修的是空性大悲，但要落實它，無非是落實在這些地方。

當你去落實時，可能會發現自己的悲心遠遠不夠；當你偶有所得時，又會激勵自己繼續修行。所以，世間與出世間並不矛盾。當然，我們也不是天天做這些，不修佛法。

做慈善要不要管理？

我認為，合理合法的管理是需要的。大家雖然都是佛教徒，都是行善的人，但不管理也不行。以前法王如意寶在世時，對佛學院的堪布、活佛以及所有出家人，都有相應的管理。所以，合理的管理很重要。

沒有管理，即使行善，也不會做得盡如人意。「六一」兒童節大家都去給孩子送花，「老人節」又都去照顧老人，完了以後呢？沒人管了。所以，行善也要用管理保證大家那顆助人之心，如此才能細水長流。

我常說「慈善是心」，當你有了行善之心，做慈善也就順理成章了。大家都有行善的能力，身邊也有需要幫助的人，可是，如果你沒有一顆利他心，即使擦肩而過，也看不到那些可憐人，看不到他們的痛苦。

佛教徒若都這樣，還有誰會關心他們？

我們常認為自己是大乘菩薩，但是不是菩薩，不是口頭上說，而要見諸行動。基督教的教理沒有佛教廣，但實際行動卻在為宗教、為眾生奉獻，這比我們為自己修行更有說服力，更能體現一種善的力量。

剛才有個人說，他在印度金剛座前發願做善事，這非常好。不管是病人、老人，能幫多少算多少。如果你只有幫五個人的能力，那就把這五個人的事情做好，用五年十年，把事情做圓滿；你能幫十個人，就幫十個人……什麼都不做的話，天天為自己，人生也就過了。

其實我們擁有的財富和地位，一方面是自己前世的福報，一方面也跟眾多人的幫助有關。得到以後，只是獨自受用不回饋社會，因果上是說不過去的。

Q：我騎自行車進藏時，見到一座山叫岡仁波齊。當地人說，它被印度教、藏傳佛教等奉為神山，轉一圈可洗清一生的罪業。我轉了兩圈。不知道這種說法是否可信？

A：轉神山有很大功德，特別是岡仁波齊，我也很想去朝拜。在許多上師的傳記中記載，作為修行的一部分，他們就常常轉繞岡仁波齊，還有匝日神山、湖心山等，這些地方加持力很大。

至於當地人的說法，如果是了義的，確有其事，那只要你的心清淨，也像大德們一樣完全具足相關的對治力，就一定可以清淨。即使做不到這麼圓滿——畢竟每個人的業力不同、修行力量也不同，但清淨相當一部分罪業是沒問題的。

Q：我家裡有兩個孩子，一個八歲、一個兩歲。請問，在小孩教育方面，您有什麼樣的建議和叮囑？

A：對於孩子的成長，現在人們普遍認為，胎教、家庭教育、學校教育、社會教育一個都不能少。尤其是家人的影響，是很重要的一種教育。

教育是為了培養人。但漢地自傳統文化受損之後，怎麼為人處世、怎麼做人，沒人教，也沒人重視。所以我建議，家人可以安排孩子學一學《弟子規》、《三字經》，甚至是佛教的《業報差別經》，從小為他們種下道德理念和因果觀念。

學校裡也有這些就好了。有這種意識的老師，可以給孩子講講故事，如孝順父母、關愛他人的故事，古代的、現代的都可以，這對幼小心靈會有很大啟迪。否則，光是盯著ＡＢＣ或考試分數，孩子日後很難有大的出息。

現在的「人才」，人很多、才很少。招的是本科生、研究生、博士生，學歷不錯，但一做起事來，與人相處的能力都沒有，這不是個小問題。他們自己也苦惱：讀這麼多年書，知識學了不少，但有些東西一點都不懂，一面對社會就這麼受挫。

所以，要教些什麼，還是要考慮。

如果在家裡、學校裡能推廣儒教和佛教思想，讓孩子從小有個善良人品，其他的就不用操心了。

Q：倉央嘉措的詩裡，有一些關於情愛的內容。我不明白，請問怎麼理解？

A：一個人若有真正的菩提心，隨緣度化眾生時，猶如佛菩薩的化身，可以作種種示現。他們的愛，不帶任何占有，雖然這樣做，卻不會執著，「猶如日月不住空」，這是利他的一種方便。

而我們凡夫，沒有聖者的境界，愛總是要占有，有自利心，所以不能效仿。

Q：自您號召愛心行動以來，我積極參與動物保護活動，也救助了很多流浪動物。在這個過程中，我發現很多人不關愛動物，甚至去傷害牠們。請您對他們做些開示，也為我們提些建議。

A：保護動物，是因為牠跟我們一樣有感受，有苦有樂，甚至有愛有恨。

前不久有則新聞：重慶一戶人家的陽臺上，來了隻母野貓，生了五隻小貓。母貓天天出去找吃的，回來餵牠的孩子。就這麼過了幾個星期。

有一天，這家主人起了惡念，把那些小貓從陽臺上推下去，全部摔死了。母貓回來後，不知道為什麼，竟然銜著那些小崽的屍體，一個一個擺在他家門口，然後就離開了。一個月後，那人得了皮膚癌。

這是真事。有人認為這是母貓的報復，誰殺了牠的孩子，誰就會得到報應。

說這是因果，很多人可能不理解。那我們不說這個，只是想想母貓的感受，牠會不會痛苦？會不會恨？現在有許多人，總以為傷害動物、殺死動物無所謂，吃掉牠也天經地義。但是動物也有感受，當你體會到這一點，應該能引起些許反思。

很多人常說救人有功德，其實救動物也一樣。若能幫助那些流浪動物，保護牠們、餵養牠們，這是非常有意義的善事，做得越久越好。

在一個項目上做久了，人就會有經驗，方方面面考慮得比較周到。功夫下到了，十年八年甚至幾十年以後，會出現真正的成效。否則，今天做這個、明天做那個，到頭來可能一事無成。

總之，你們幫助動物，我很隨喜。西方的動物保護觀念比較成熟，像法國、西班牙，去年就以裸體示威的方式，抗議人類虐待動物。

我認為，這是在捍衛一種平等——動物和人一樣。他們已經明白了，但我們有些人還不知道。

Q：我有一隻藏獒，把牠當兒子一樣。前不久，牠從四樓跳下去，搶救過來，又開始自殘，把骨頭都咬出來了。醫生和朋友建議給牠安樂死，但我非常矛盾。請您簡單告訴我，是讓牠繼續活著，還是讓牠去？

A：讓牠活著吧。直接了斷牠的生命，有很大的過失。

Q：我吃飯應酬時，同席的人一般不信佛，要吃肉，點活魚活蝦。我勸過幾次，很少有人接受。請問，怎麼避免這種飯桌上的殺戮？

A：這個問題很難解決。我們身邊不信佛的人還是占多數，肉食的誘惑那麼大，讓他們不吃肉、不殺生，可能不太現實。六祖大師曾在獵人堆裡吃肉邊菜，沒辦法的話，你們也只能這樣。

不過，吃久了「肉邊菜」，慢慢地，會不會吃「菜邊肉」也不好說。我理解你們的苦惱，一邊要學佛，不能吃肉，一邊又要工作，不得不隨順大家。但即便如此，建議大家還是堅持吃素，這是個好習慣。

這個傳統是從梁武帝時代開始的，符合大乘教義，對生命也是最直接的保護。否則，像我們今天一百人吃飯，要是都吃肉，殺一頭豬也不夠。你們想想，生活裡頓頓吃肉，要威脅多少生命？有本書裡說「吃肉就是吃生命」，這不是危言聳聽。

人的觀念是可以改變的。在藏傳佛教中，因為藏地的條件惡劣等原因，吃肉的習俗一直存在，但如今很多大德也提倡素食，學習漢傳佛教的傳統。我們佛學院開法會時，好幾萬人一起吃素，平時吃素的人也越來越多，這是前所未有的。

如果說在佛教群體中，吃素是因為慈悲，推廣起來不難，那我們讓身邊人吃素，可以從素食符合醫學、營養學理念的角度來勸導。有很多醫學報告說，肉食並不適合人類的生理結構，而且，素食的營養足夠。

「犛牛吃草，但長得很壯」，這雖是我常說的玩笑話，但時下很多人的素食經驗足以說明：吃素的體質很健康。

不願吃素的人，主要是吃肉的習氣重，一頓不吃都不行。我在家鄉辦學校時，和縣領導開了幾天會。他們天天吃素，最後實在受不了了：「陪你們吃三天素，都吃拉肚子了，你們佛教太苦了！」我笑笑說：「不會吧，漢地那麼多佛教徒天天吃素，身體都很健康，跟這個沒關係。」

Q：佛教中說：「佛說一切法，為度一切心。既無一切心，何用一切法？」那到了最後，是不是就不用佛法了？

A：對，這是從本質上講的，因為心不存在，所以也談不上用佛法。但在顯現層面，還是要用。

Q：什麼時候就不用佛法了？

A：真正證悟的時候。

Q：有了出離心的人，怎麼看待對子女和父母的責任？

A：不少人以為，對家人不管不問就是有很強的出離心，其實不是。《三主要道論》中說：修人身難得、壽命無常，會對今世生起厭離；修輪迴過患、因果不虛，會對來世了無執著，這是真正的出離心。

有這種出離心的人，不會貪執榮華富貴，也不會計較榮辱得失，而是甘於過平淡生活。在這種生活中，他也會按世間規則行事，該承擔的都會承擔。更進一步地，他會生起菩提心，那時候，對父母、子女乃至所有生命，都會像對待菩薩一樣恭敬隨順。

所以，出離心不是冷漠，它是一種智慧，甚至是家庭和合的順緣。

Q：發了菩提心的人，怎樣提高心力和能力？

A：願大，力大。龍猛菩薩說，真有菩提心的人，哪怕行為上沒有在利他，也是真正的大乘行者。

菩提心是大乘佛法的根本。我們心力弱，主要是因為自私自利心的牽制。多了解利他的功德和自利的危害，心力慢慢就大了。心力一大，能力也就大了。

我有這種感覺，不管做慈善還是辦學校，一發大心，好像各種資源和因緣就來了；不發心的話，這個也不行，那個也不行，什麼都做不成。

Q：有個年輕人失戀了，得了憂鬱症，想自殺。請問，這是否來自前世的因緣？

A：有些的確是前世的因緣，但並非百分之百，今生的因緣也有。但不管是什麼，失戀後不需要自殺。我常說，人生的路並非只有一條，這邊走不通，再往那邊走走試試。

《釋尊廣傳》裡有一則公案：一個癡情女人因為丈夫死了，便神智失常，背著他的屍體在屍陀林遊蕩，屍體變成了骨架，還背在身上。當時佛陀轉生為一名醫生，叫革夏巴。他見到這個女人，心生悲憫，於是背上一具女屍，來到她面前。

彼此熟悉後，他趁女人睡去，把女屍和她丈夫的屍骨綁在一起扔進河裡，然後大叫起來。女人醒了，他朝著她喊道：「你丈夫把我妻子拐走了！」女人見狀，嗔心大起。革夏巴安慰她一番，她就恢復正常了。

所以，人和人的感情，如果了解其本質，不過是一種暫時的緣分，十年、二十年後回頭看看，有些執著是非常可笑的。

Q：我最大的心願，是在川藏雲貴那裡建一所希望小學，但不知道他們長大後能否皈

依佛教。有師兄説還是供養上師和建寺廟好，這才是弘法利生。請問，我該把精力放在哪方面？

A：是建學校，還是造寺廟，你最好自己決定。如果要建學校，孩子們長大後皈不皈依不重要，重要的是，他們可以學到文化知識，有前途，有個快樂人生。我自己建學校的目的就是這個。

不過建學校不容易。剛開始要建，建好後要運行，運行過程中要維護……方方面面要投入很多。建寺院也一樣，但主要看對弘法利生是不是有利。

Q：無常説起來簡單，面對起來特別難。尤其當父母子女突然離世時，好像完全沒有準備。希望您為我們開示一下這個道理。

A：的確，我們知道無常就在身邊，自身也好、周遭也好，誰都逃不過它的威脅，但有些無常真的來了，還是很難面對。不過，時時刻刻有個無常觀念，修行人也好，非修行人也好，總歸是好的。

賈伯斯説過：「我把每一天都當最後一天過。」

我個人而言，其他修法不敢説，但無常是天天修。每次看到歷史上高僧大德圓寂、帝王將相作古，我都會修無常；看到身邊的黑髮人送白髮人、白髮人送黑髮人，我也會修無常。

倓虛大師在《影塵回憶錄》裡說，有家人正在結婚時，一個人死了，婚禮成了葬禮；前不久我一個同學突然去世，本來過得很好，說沒就沒了；這兩天我和你們聚在一起，分別後有些還能見面，有些再也見不到了……這就是無常。

人生是一本無常教科書，每個人都在扮演無常的角色。只要常常這樣觀修，提醒自己，自然會有一種面對無常的能力。這是境界，不是簡單的認識。

所以，古德說：「如果要專修一法，就修無常。」修無常，最初可作為你進入佛法之因，中間是你精進修行之緣，最後成為你證悟諸法等性之助伴。

後記

現在，好多人都在低頭看手機，走路在看、吃飯在看……他們所謂的「忙」，大多不過如此。

這種「忙」得不到自由。賈伯斯說：「自由從何而來？從自信來。自信，則是從自律來。自律，就是嚴格控制自己的時間。」

這句話講得很有道理。其實，我們也要學會把控時間，真正做些有意義的事，同時偶爾也要觀觀心，不要整天「忙」不停。

有一首詩我很喜歡，抄錄於此，也許會讓你對「忙」有另一層理解：

急急忙忙苦追求，寒寒暖暖度春秋，
朝朝暮暮營家計，昧昧昏昏白了頭。
是是非非何日了，煩煩惱惱幾時休
明明白白一條路，萬萬千千不肯修。

索達吉　2015・1・24

你在忙什麼——與大師對話，藏傳佛法的 12 堂人生智慧課

作　　者——— 索達吉堪布
封面設計——— 小山絵
責任編輯——— 劉素芬、張海靜
行銷業務——— 王綬晨、邱紹溢、劉文雅
行銷企劃——— 黃羿潔
副總編輯——— 張海靜
總 編 輯——— 王思迅
發 行 人——— 蘇拾平
出　　版——— 如果出版
發　　行——— 大雁出版基地
地　　址——— 231030新北市新店區北新路三段207-3號5樓
電　　話———（02）8913-1005
傳　　真———（02）8913-1056
讀者服務信箱— E-mail andbooks@andbooks.com.tw
劃撥帳號 19983379
戶　　名 大雁文化事業股份有限公司
出版日期 2024 年 9 月 二版
定價 420 元
ISBN 978-626-7498-28-6

歡迎光臨大雁出版基地官網
www.andbooks.com.tw

國家圖書館出版品預行編目（CIP）資料

你在忙什麼 : 與大師對話,藏傳佛法的12堂人生智慧課 / 索達吉堪布著. -- 二版. -- 新北市 : 如果出版 : 大雁文化發行, 2024.09
面；　公分
ISBN 978-626-7498-28-6(平裝)

1.CTS：藏傳佛教 2.CTS：佛教修持

226.965　　113012154

如果